最大1000万円の損を防ぐ

デジタル時代の家選び

沖祐生
Oki Yuki

池田書店

はじめに

マイホームの購入を検討しているときに、次のような悩みはありませんか？

「できる限り安く購入するにはどうすれば良いのだろう」

「なるべくたくさんの物件を見てから選びたい」

「どこの不動産会社に相談をすれば良いのだろうか」

マイホームの購入は人生で最も大きな買い物の一つです。失敗は許されません。

物件探し、不動産屋探し、資金計画、契約手続き、住宅ローンの借り入れ、不動産決済手続きなど、すべてを行うには時間がかかります。

そして、土地建物、住宅ローンの諸経費、リフォーム費用、地盤改良費用、火災保険費用、地震保険費用などの莫大な費用もかかります。

限られた時間とお金で、やりくりしていく必要があるわけです。

しかし、時代は大きく変わりました。

スーモやライフルホームズ、アットホームなど、物件情報サイトで全国の物件情報を調べることができます。また、不動産屋、住宅ローン、周辺環境などもインターネットに豊富に情報が掲載されているので、それぞれ自分で調べて選ぶことができます。

これからの時代は、ネットを上手く活用して情報収集をした人が、マイホームを失敗せずに購入できるのです。

私は、執筆時点で不動産業界歴13年、不動産会社を経営している宅地建物取引士です。不動産売買取引200件で培ってきた経験、日本全国の不動産屋340社にネットを活用した集客支援を行ってきた経験があります。2020年に株式会社サプライズコンシェルジュを設立し、日本全国のマイホーム購入、売却を検討している人の支援をしています。

私の会社は不動産売買取引が本業ですが、マイホームの購入を検討している方が失敗しないよう、他の不動産屋のセカンドオピニオンという立ち位置の仕事もしています。

ネットを活用したマイホームの購入・売却の無料相談を、オンラインまたは対面で受けているのですが、「ネットの情報を真に受けすぎているな」「検索の仕方が間違っているな」と感じることが少なくありません。

本書は、主にネットを上手く活用することで、お金や時間について損することなくマイホームを購入できる方法をまとめたものです。特別なネットの知識や技術は必要ありません。ネット検索ができるだけで、十分に活用できます。

本書をしっかり読んでいただければ、最大で1000万円の損を防げる可能性もあります。その方法は大きく2パターンです。

1つ目は、制度を上手に活用すること。本書では、住宅ローン控除、補助金、助成金、減税や非課税などさまざまな制度を紹介しています。

これらの制度は、自分から動かず黙っていても受けられるわけではありません。何も知らずに手続きを進めてしまうと、大きな損失を被る可能性もあるわけです。本書で制度についての知識を頭に入れたうえで、上手に活用しましょう。

2つ目は、物件価格の相場を知ること。不動産会社は相場の2~3割増しで物件を売っていることも多々あります。そのため、相場をきちんと把握していないと、不動産会社にとって都合の良い価格で取引が成立し、大きな損失に繋がる可能性があります。

相場を知るためには、インターネットの活用が不可欠です。本書では、どういったサイトから相場を調べるのかも紹介しています。

他にも、
・物件や周辺状況の調べ方
・良い不動産屋の選び方
・内覧時や契約時の注意点
・災害の多い日本における保険の加入
・維持費用の節約法
など、マイホーム購入には欠かせないさまざまな知識を紹介しています。

マイホームは人生において、とても大きな買い物です。

本書を読み、正しい情報を得ることで、夢のマイホームと幸せな暮らしを手に入れる切符を掴んでいただけたら幸いです。


株式会社サプライズコンシェルジュ代表　沖祐生

第3章 内覧から契約までに意識すべきポイント

第4章 お役立ち情報が手に入るおすすめサイト

第5章 住宅ローンで損をしないために

第6章 補助金・減税の恩恵を受けるための行政制度の活用法

第7章 災害の多い日本では必須の保険加入

第8章 維持費用を少しでも減らすための節約術

第9章 知っておきたいマイホーム購入の予備知識

第1章

理想のマイホームを探す情報収集術

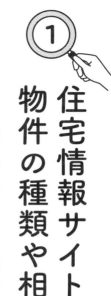

① 住宅情報サイトで物件の種類や相場感を掴む

スーモ・ライフルホームズ・アットホームの活用法

家を探すと決めたら、まずはインターネットを活用して物件情報を集めましょう。

新築建売分譲、土地、中古戸建て、中古マンションの住宅情報が多く掲載されている住宅情報サイトは主にスーモ、ライフルホームズ、アットホームの3つです。**この3つのサイトの情報で世の中に出ている不動産情報の約8割を把握できます。**

3つのサイトを上手く活用して、時間とお金の節約に繋がる方法を説明します。

①地図表示を活用する（3つのサイトに共通）
物件がランダムで表示される通常表示ではなく、地図表示で物件探しをすることで希望の物件を見つけやすくなります。
そして、希望のエリアの物件の種類（新築建売分譲、土地、中古戸建て、中古マンション）を確認して販売価格のおおよその相場を把握します。

②物件の相場情報から物件を探す（ライフルホームズ、アットホーム）

ライフルホームズ・アットホームのトップページの「家賃・価格相場情報」から賃貸相場（賃貸マンション、賃貸アパート、賃貸一戸建て）、中古マンション相場、一戸建て相場（新築一戸建て、中古一戸建て）、土地相場の情報を確認できます。

賃貸相場を確認することで、賃貸物件を借りるのと物件を購入するのとでは相場の観点からどちらがお得になるのかも比較できます。物件を購入するか賃貸にするかで悩んでいる方にはオススメです。

③バーチャル見学で情報収集する（スーモ）

多くの物件情報サイトでは、「建物写真」「間取図」「物件概要」がテキストベースで掲載されています。具体的なイメージがしづらいため、実際に購入する前には、現地へ足を運びイメージを固める必要があります。

しかし、まだ現地まで足を運ぶ段階でない場合などには「バーチャル見学」が活用できます。

写真とは異なり、さまざまな角度から立体的に物件を見ることができるので、ゆっくりと物件を見たい方にはおすすめです。

④住宅ローンシミュレーターから物件を探す（アットホーム）

住宅ローンシミュレーターの入力フォームで、月々の返済希望額、ボーナス1回分の希望返済額、頭金、返済期間、金利を入力すると購入可能価格がすぐに表示されます。そして、希望する物件の種類とエリアを入力すると、購入可能な物件情報が表示されます。

購入予算から物件探しをする場合はおすすめの方法です。物件探しの入口で住宅ローンの事前確認を行い購入予算を把握することで、情報収集する内容や見学する物件が定まり、手間が削減できます。

「こんな家に住みたい条件」をすべて書き出し、10個に絞る

優先順位トップ10の選び方

3つのサイトを活用して、ある程度見学したい物件を絞り込んだら、優先順位を決めた後に物件の細かい希望条件をすべて書き出します。参考のため、購入する前に確認しておくべきポイントをお伝えします（18ページ上図）。

このようなポイントから優先順位トップ10に絞ることで、物件探しがしやすくなります。

ちなみに、私が過去にお客様からいただいた相談件数のトップ10も紹介します（18ページ下図）。

絶対的な順位ではありませんが、おそらく多くの不動産屋や住宅メーカーの営業も同様の相談を受けているかと思います。

相談内容トップ10それぞれの確認すべき具体的な内容をお伝えします。

不動産の購入前に確認しておくべきチェックポイント

☑不動産屋の選び方　☑購入予算　☑周辺環境
☑購入時期　☑エリア　☑土地の形状
☑ライフライン（都市ガス、プロパンガス、オール電化）
☑階段の配置　☑駐車台数　☑駅までの距離
☑建物の構造　☑水回りの設備内容　☑外構の内容
☑住宅ローンの借入条件、返済計画　☑火災保険
☑物件の種類
（注文住宅、新築分譲一戸建て、中古戸建て、
中古マンションなど）

お客様からのご相談内容トップ10

1位　エリア
2位　物件の種類

3位　不動産屋と営業担当者の選び方
4位　住宅ローンの借入条件
5位　ライフライン
6位　周辺環境

7位　間取り・階段配置
8位　住宅ローンの返済計画
9位　水回りの設備
10位　駐車台数

◎エリア

物件のエリアを選ぶ理由として多いのが、実家や職場と近いことです。その他にも利便性や教育環境、周辺環境などもよく挙げられます。

エリアを選ぶ際には、実際に希望のエリアの街を歩いて、「どのような人が住んでいるか」「どのような建物があるか」などを調べることが重要です。車の移動では気づけないことにも、徒歩であれば気づくことができます。

また、役所や地元のコミュニティセンターなどへ足を運ぶことで、ネットには掲載されていない地元の方々ならではの情報を得られます。

その他にもグーグル検索やSNS、YouTubeなどインターネットを活用することで地域のリアルな情報を得られます。地域のことをまとめているブロガー、インフルエンサーの記事や動画を確認したり、83ページで紹介している「goo」を活用したりすることで、どのようなエリアなのかを把握できます。

このように、さまざまな点からエリアを選定する必要があるでしょう。

◎物件の種類

物件の種類には主に新築マンション、新築建売分譲（完成した新築戸建てを購入）、土地、中古戸建て、中古マンションがあり、それぞれを購入する際にはメリットとデメリットがあります。21ページの図をご参考ください

◎不動産屋と営業担当者の選び方

不動産屋の数は日本国内に約13万社、不動産屋の従業員は約60万人ととても多く、この中から適した不動産屋と営業を見つけることは簡単ではありません。

不動産屋や営業担当者の選び方にはポイントがあります。

不動産屋を選ぶ際にまず確認すべきなのは、「国土交通省ネガティブ情報等検索サイト」です。このサイトで、行政処分の履歴を確認します。どのような法律に違反したかまで公表されているので、行政処分の履歴のない不動産屋を選ぶよう参考にしましょう。

その他には、宅地建物取引業者の免許番号を参考にする方法もあります。**宅地建物取引業者の免許番号は、「国土交通大臣免許（3）〇〇〇号「〇〇県知事（1）〇〇〇号」のように不動産屋のサイトや物件掲載サイトに必ず掲載されています。**カッコ内の番号は5年ごとに1ずつ足されるため、数字が大きいほど不動産屋として運営歴が長いと判断できま

物件のメリット・デメリット表

物件の種類	メリット	デメリット
新築マンション	・最新の「設備」「機能」「耐震性能」「サービス」「セキュリティ」が充実している ※マンションのグレードによる。	・中古マンションと比較すると割高。 ・資産価値が下がりやすい。 ・モデルルームを内覧できるが、実際の物件の内覧はできない ・人気の部屋はすぐ売れてしまう。
中古マンション	・新築マンションより安価で手に入る。 ・自由にリフォームできる。	・予想していなかった瑕疵が発覚する可能性がある。 ・新築マンションと比較すると住宅ローンの審査が厳しくなる。 ・築年数によっては耐震性が低く安全性も低い。 ・マンションによっては修繕積立金や管理費が高い。
新築建売分譲	・売主の会社が土地を安く買取りして建築をするため、建物が完成した状態で購入できる。 ・ゼロから土地と建築先を探す必要がないため、かかる時間と費用を抑えることができる。	・間取図や水回りの設備の内容などを決めることはできない。ゼロから建物を設計したい人にとっては注文住宅や中古物件の方が良い。 ※なかには注文住宅と新築建売分譲のハイブリッドの企画商品も存在する。
中古戸建て	・新築戸建てや注文住宅と比べて、安価で手に入る。 ・自由にリフォームできる。	・予想していなかった瑕疵が発覚する可能性がある。 ・新築戸建てと比較すると住宅ローンの審査が厳しくなる。 ・築年数によっては耐震性が低く安全性も低い。
土地	・エリアの選定、建築計画、駐車場の計画などゼロからマイホームの建築を計画することができる。	・他と比べて1番手間がかかる。 ・不動産屋、住宅メーカー、工務店と競合することになるため、希望の物件を手に入れることが難しい。 ・総額が高くなる。

す。

ただし、数字が大きい不動産屋だから安心とは限りません。運営歴は長くても、不動産売買取引の件数が少ないなどが考えられるからです。

あくまでも、参考情報の一つとして捉えましょう。


不動産屋の営業担当者を選ぶ際に、まず確認すべきことは実績です。不動産売買取引の件数、MVPなどの賞の有無、宅地建物取引士の資格、SNSのフォロワー数や発信内容などを確認すると良いでしょう。

実績を調べるには、事務スタッフや営業担当者に直接確認したり、他の不動産屋へ確認したりするなどの方法があります。他にも、「不動産会社の名前＋営業担当者の名前」でネット検索をして、不動産屋のブログやSNSを調べるのも一つの方法です。

第一印象が良くなくとも営業のできる人はいますし、第一印象が良くても営業のできない人はいます。数字や賞などの実績は嘘をつかないので、まずはここを見るべきでしょう。

ただし、お客様に不利な条件を曖昧にしたまま取引を進める人も多く存在するため、実績のみで判断するのは良くありません。

◎住宅ローンの借入方法

住宅ローンの借入方法次第で利息の支払いが何百万円、何千万円も変わります。そのため、いい加減に住宅ローンを組んでしまうと損をする可能性が高くなります。どこの金融機関で、どんな住宅ローン商品を選択すれば良いのか、必ず事前に情報収集をしましょう。

住宅ローンの借入先は、大手銀行、地方銀行、信用金庫、ネット銀行などさまざまです。借入する人の属性によりどこの金融機関が良いのかは変わるため、**3社～5社ほど住宅ローンの事前審査を行い比較することをオススメします。**

特に勤め先や取引先の金融機関、ネット銀行は金利が低く、団体信用生命保険の内容が優れている可能性が高いため、確認しておきたいポイントです。


金利の選択は主に固定金利、変動金利の2つに分かれます。

固定金利とは、住宅ローンの借入時に期間と金利が決められているものです。

変動金利は、社会情勢の変化に伴い金利が変動するものをいい、年に2回金利の見直しが実施されます。固定金利は全期間固定金利、10年固定金利を選択する方が多いです。

固定金利と変動金利では変動金利を選択する人が7割～8割と言われています。

理由は2つあります。1つ目は、現在は変動金利が固定金利よりも低い点。2つ目は変動金利が、固定金利よりも高い金利になることが考えにくいからです。直近20年ほどの住宅ローン金利の推移を見てみると、店頭の変動金利が店頭の固定金利を超えたことはありません。

もちろん、今後の金利の動きは予想できないため、どちらが良いかを保証できるデータではありませんが、参考にはなるでしょう。

◎ライフライン

ライフラインは「上下水道管」「電気」「ガス」の3つを確認する必要があります。


上下水道管は主に都道府県が運営、管理しているものを活用します。敷地内に引き込むための管の工事が必要かどうか、注意して確認しましょう。土地の形状によっては、第三者と共有して使用するケースもありますので、事前に確認が必要です。

電気に関しては、特に指定がなければ、複数の電気事業者を比較して、お得な電気を選択するのが良いでしょう。

ガスは、都市ガスとプロパンガスの2種類があります。都市ガスはプロパンガスよりも火力は弱いですが、費用は安い傾向があります。プロパンガスは災害に強いのも特徴です。

◎周辺環境

周辺環境を知るために現地調査、近隣調査、ネット調査の3つの調査を行い、マイホーム購入の判断材料にしましょう。

現地調査では、境界・越境の有無、日当たりの確認、前面道路と隣地との高低差などを確認して、建築のイメージをつくります。

近隣調査では、隣地に住んでいるのがどんな人なのか、過去の浸水実績、建設計画、工場などの大気汚染、反社会的勢力の住まいや事務所の有無、事件事故の有無などを聞き込みにより確認して、生活のイメージをつくります。

ネット調査では、過去の災害について、事件事故の有無、近隣の商業施設、小学校や中学校までの距離などを確認して、近隣調査と同様に生活のイメージをつくります。

◎間取り、階段の配置

将来を見据えて、間取りを検討する必要があります。一枚の壁を壊す、またはつくることで間取りを変更できるように設計・リフォームしましょう。

お子さんのいる家庭からは、必ずリビングを通った先に階段がある配置にしたいという

相談をよくいただきます。お子さんがリビングを通らないといけないことで、両親としては安心できるのと、お子さんがグレないようにしたいという想いがあるようです。

◎住宅ローンの返済計画

ほとんどの方は、住宅ローンを組んでマイホームを購入します。数百万円～数億円を数十年間にわたって返済していく必要があるため、住宅ローンの借入れをする前に返済計画を立てることが大切です。

返済計画のポイントは、次の４つです。

①共有名義ではなく単有名義で借りること
②ボーナス払いを無しにすること
③借入時の金利を少しでも低くすること
④団体信用生命保険の内容は手厚いものを選択すること

これらのポイントを比較するためにも、地方銀行、**信用金庫、ネット銀行のように複数の金融機関を比較して、最適な金融機関で住宅ローンの借入をしてください。**

◎水回りの設備
注文住宅や中古住宅を購入予定の人は、どのメーカーで、どのような設備の水回りにするかを検討しましょう。新築建売分譲の場合、水回りの設備ははじめから決まっているので、検討する必要はありません。
また、故障などに対しての保証内容や保証期間も把握しておくことで、修繕計画を立てて将来を見据えた節約に繋がるので、倹約家の方は修繕計画を立ててください。

◎駐車台数
新築建売分譲や中古住宅では、駐車台数が1～2台のことが多いため、**3台分以上を利用する場合は、土地の予算を多くしたり、近隣の月極駐車場を借りたりすることを考えましょう。**

以上、マイホーム購入の相談件数トップ10において確認すべきポイントを紹介しました。これらのポイントを参考に、時間とお金の節約に繋げてください。

インターネットで情報を集め、物件購入の判断材料に

「レインズ」で成約事例を把握する

「レインズ」は国土交通省から指定を受けた不動産流通機構が運営しているネットワークシステムで、宅建事業者（不動産屋）のみがログインできるサイトです。

不動産屋が、物件の売主から預かった情報をレインズに登録することで、他の不動産屋からでもその物件情報を見られるようになります。そして、実際に売買契約を取り交わした日や取引価格などもレインズに登録するため、過去の取引事例を見ることができます。

レインズの過去の取引価格を見れば、買いたい物件の適正価格の参考になるということです。

レインズは不動産屋しか見ることができませんが、**誰でも閲覧可能な成約価格をまとめた「レインズ・マーケット・インフォメーション」というサイトもあります。**

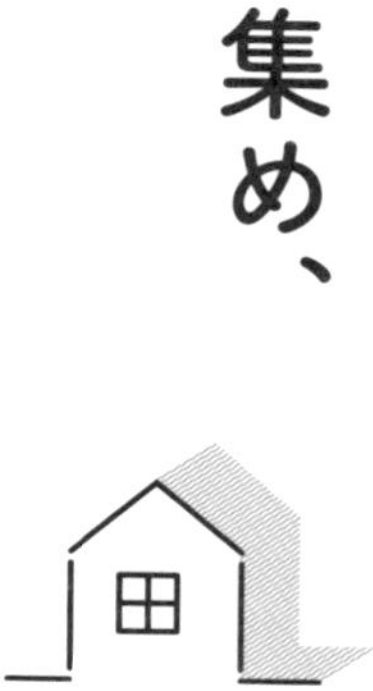

レインズのしくみ

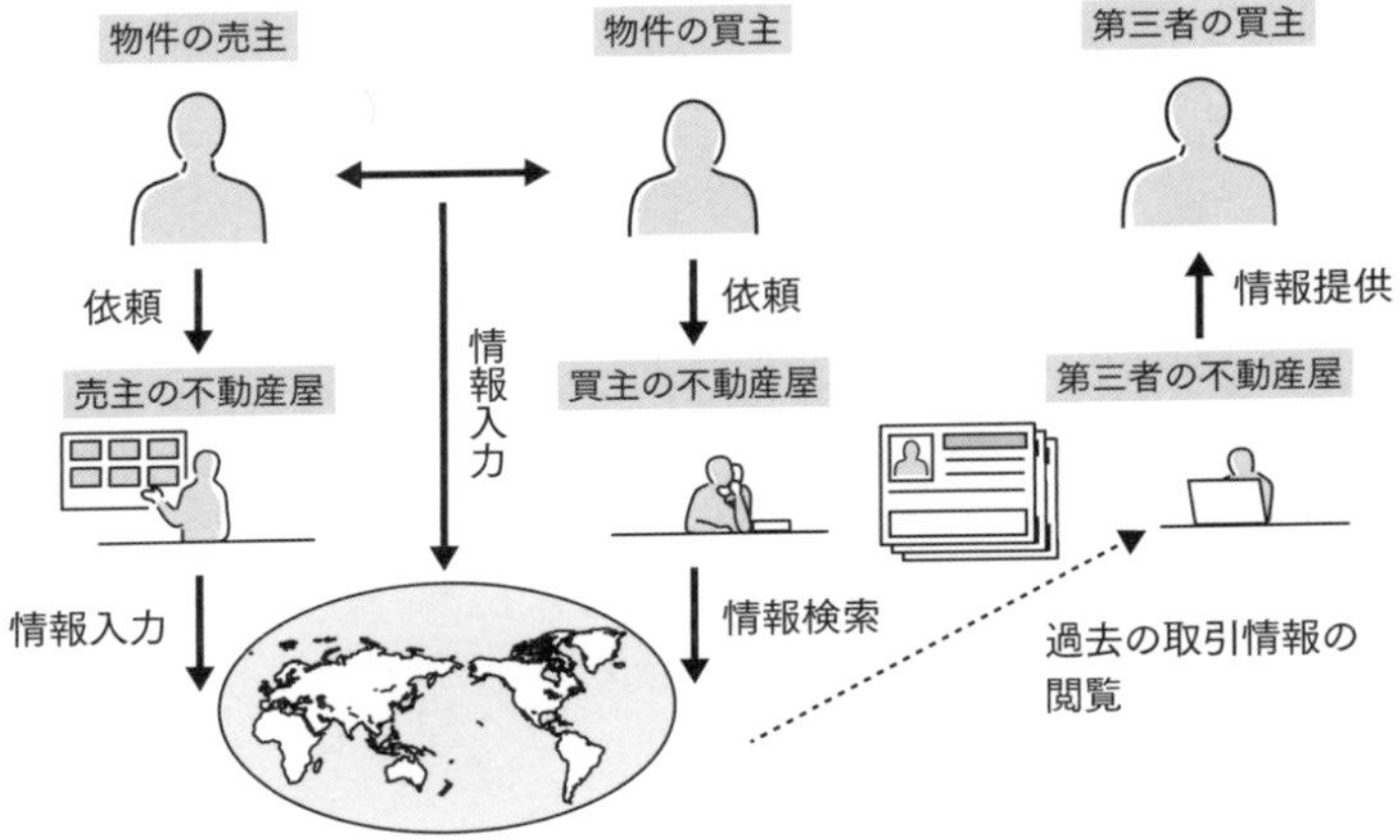

ただし、不動産屋が閲覧できる「レインズ」よりも、物件数が少なく、面積や成約時期もざっくりとした情報しか載っていません。また、マンションと戸建ての成約情報を閲覧することはできますが、土地の成約情報は閲覧できません。
そのため、「レインズ・マーケット・インフォメーション」は、あくまで不動産屋にマイホーム購入の相談をする前の参考情報として使いましょう。

不動産屋に対しては、レインズの成約情報を出すように依頼します。たとえば、「○○マンションの過去10年間の成約情報が欲しいです」と依頼すれば、情報を出してもらえます。その成約情報をもとに、気になっている物件が適正な金額かどうかを調べましょう。

ただし、不動産屋が、自分たちにとって都合の悪い成約情報を、一部出してこない可能性もあるので注意が必要です。

すべての成約情報を確認するには、2社以上の不動産屋で確認した方が良いでしょう。

「レインズデータライブラリー」で不動産の市場を把握する

国土交通大臣指定の公益財団法人東日本不動産流通機構が公表している「レインズデータライブラリー」には、首都圏だけでなく、日本全国の都道府県別で**中古マンション、中古戸建て、新築戸建て、土地の成約情報、新規物件登録状況、在庫状況が3ヶ月ごとに数値化されており、誰でも閲覧できる**ようになっています。

「レインズデータライブラリー」の情報を把握することで、マイホーム購入において損をしないための材料の一つになります。

「ハザードマップ」を確認して災害リスクを減らす

ハザードマップでは、**洪水（想定最大規模）、土砂災害、高潮（想定最大規模）、津波（想**

定最大規模)、道路防災情報、地形分類を確認できます。

ネットで「ハザードマップ」と検索すると、国土地理院が運営している「ハザードマップポータルサイト」が表示されるので、このサイトから誰でも確認できます。

また、不動産屋へマイホーム購入の相談をする中でヒアリング時、物件の案内時、不動産の売買契約時に不動産屋からハザードマップの説明があるはずですが、不動産屋によってはないこともあると聞きますので注意しましょう。

「わがまちハザードマップ」を活用すると自治体が管理をしているハザードマップについて詳細を確認できますので、マイホームを購入する前に必ず確認してください。

「大島てる」を確認して事故物件の購入を避ける

マイホーム購入時に事故物件かどうかを気にする人はたくさんいます。その場合、事故物件かどうかを事前に調べる必要があります。

そもそも事故物件は、告知事項の必要な事案と不要な事案に分かれます。

国土交通省で掲げている、「宅地建物取引業者による人の死の告知に関するガイドライン」には33ページの通りまとめられています。

不動産屋に相談すれば事故物件かどうか教えてくれることもありますが、不動産屋がそもそも知らないケースや教えてくれないケースもあります。

事故物件を把握するためには、事故物件の情報提供サイト「大島てる」も参考になります。また、近隣住民への調査も必須です。

住宅診断やリフォーム、告知事項の有無をネットで調べる

スーモ、ライフルホームズ、アットホームに掲載されている物件情報には「住宅診断済み」、「リフォーム済み」、「告知事項あり」という記載がされているケースが多いので確認しておきましょう。

もし、このような記載があるようでしたら、不動産屋の販売担当者に次の点を確認します。
・住宅診断の実施がなされている場合は、住宅診断報告書の確認と住宅診断方法
・リフォームが実施されている場合、リフォームの内容のわかる仕様書など
・告知事項には孤独死、自然死、自殺、殺人、心霊現象、シロアリの害、雨漏り、建物の傾きなどさまざまなケースがあるので（33ページ説明も参照）、どの告知事項なのか

■告知について①
原則、宅地建物取引業者は、人の死に関する事案が、取引の相手方等の判断に重要な影響を及ぼすと考えられる場合には、これを告げなければならない。

裁判例や取引実務等も踏まえ、現時点で妥当と考えられる一般的な基準をまとめた、告知事項の不要な事案は下記の通りです。
1、【賃貸借・売買取引】取引の対象不動産で発生した自然死・日常生活の中での不慮の死（転倒事故、誤嚥など）
※事案発覚からの経過期間の定めなし
2、【賃貸借取引】取引の対象不動産・日常生活において通常使用する必要がある集合住宅の共用部分で発生した１以外の死・特殊清掃等が行われた①の死が発生し、事案発生（特殊清掃等が行われた場合は発覚）から概ね３年間が経過した後
3、【賃貸借・売買取引】取引の対象不動産の隣接住戸・日常生活において通常使用しない集合住宅の共用部分で発生した１以外の死・特殊清掃等が行われた１の死
※事案発覚からの経過期間の定めなし

■告知について②
・告げなくてもよいとした2、3の場合でも、事件性、周知性、社会に与えた影響等が特に高い事案は告げる必要がある。
・告げなくてもよいとした１～３以外の場合は、取引の相手方等の判断に重要な影響を及ぼすと考えられる場合は、告げる必要がある。
・人の死の発覚から経過した期間や死因に関わらず、買主・借主から事案の有無について問われた場合や、社会的影響の大きさから買主・借主において把握しておくべき特段の事情があると認識した場合等は告げる必要がある。
・告げる場合は、事案の発生時期（特殊清掃等が行われた場合は発覚時期）、場所、死因及び特殊清掃等が行われた場合はその旨を告げる。

■留意事項
・亡くなった方やその遺族等の名誉及び生活の平穏に十分配慮し、これらを不当に侵害することのないようにする必要があることから、氏名、年齢、住所、家族構成や具体的な死の態様、発見状況等を告げる必要はない。
・個々の不動産取引においては、買主・借主が納得して判断したうえで取引が行われることが重要であり、宅地建物取引業者においては、トラブルの未然防止の観点から、取引に当たって、買主・借主の意向を事前に十分把握し、人の死に関する事案の存在を重要視することを認識した場合には特に慎重に対応することが望ましい。
※人の死が生じた建物が取り壊された場合の土地取引の取扱い、搬送先の病院で死亡した場合の取扱い、転落により死亡した場合における落下開始地点の取扱いなど、一般的に妥当と整理できるだけの裁判例等の蓄積がないものは、今後の事例の蓄積を踏まえて、適時にガイドラインへの更新を検討する。

④ 周辺環境情報を調べて時間を節約する

周辺環境を調べる際の5つのポイント

購入する土地と建物の調査だけでなく、周辺環境も調査しましょう。

不動産の売買契約時に物件状況等報告書という書面に不動産屋が周辺情報をまとめてくれますが、自分自身でも調べておいた方が良いでしょう。担当者が現地でしっかりと周辺の調査を現地でせず、グーグルマップなどで済ませてしまうケースもあるためです。

主に調べておいた方が良いポイントは次の5つです。

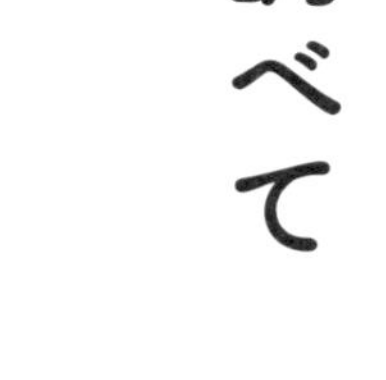

①近隣情報

マンションだけでなく、土地や戸建ての購入の際にも隣地、2軒隣、道路を挟んだ反対側、自治会の理事長などから近隣情報を収集します。**近隣の人だからこそ知る近隣住民の情報、近隣の建築計画、過去の浸水実績などのリアルな情報を得ることができます。**

調査に抵抗がある人は、不動産屋に細かく指示を出して調査をお願いしましょう。

不動産の購入のための近隣調査だとお願いをすると親切に詳しく教えてくれるケースが多いので、不動産屋に頼らず自ら調査をすることをおすすめします。

②交通の利便性

車以外の移動手段として、電車やバスが考えられます。近くの駅までの距離と電車の乗車時間、近くのバス停までの距離とバスの乗車時間をネットとリアルの両方で調べましょう。

現地調査をする前に、グーグルストリートビューを活用して家から駅、家からバス停までの距離を調べておくのがオススメです。ただし、画像が古いケースも多いので、必ず現地でもう一度確認することをおすすめします。

③学校や商業施設など

グーグルマップを活用して、保育施設、小学校、中学校、スーパー、病院、薬局、飲食店、郵便局、銀行などの位置関係、施設の概要、口コミ情報を調べましょう。

その他にも、ネット検索やSNS、YouTubeなどで、近くにどのような商業施設があるのかを調べておくのもおすすめです。

④災害関係
災害関係はハザードマップポータルサイトで確認できます（30ページ参照）。また、**区役所や市役所などが公表する「指定緊急避難場所」「指定避難所」も確認しておきましょう。**

⑤治安関係
各都道府県の警察のサイトにて、犯罪状況や交通死亡事故状況を調べましょう。

犯罪状況に関しては、罪種別・校区名（学校に通学する児童・生徒の居住地を限定した区域）ごとに調べられるエリアもあります。

「国土地盤情報」で地盤情報を収集する

国土交通省、国立研究開発法人土木研究所などが共同運営している**「KuniJiban」という国土地盤情報検索サイトで、購入対象地の近くの地盤調査情報を参考にしてみましょう。**

主に国道など道路沿いの地盤調査情報が掲載されているため、参考程度に確認するのが良いでしょう。購入対象地の地盤に関しては購入対象地での地盤調査を実施しなければ詳細の情報を得ることはできませんので、注意してください。

5 誇大広告が使われている物件には気を付ける

誇大広告は違法行為

物件掲載サイトなどで、物件を販売したいがために誇張するような表現をすることは宅地建物取引業法32条の違反になります。

次のような用語が見受けられた場合は誇大広告にあたる可能性が高いです。このような用語を掲載している不動産屋には気をつけましょう。

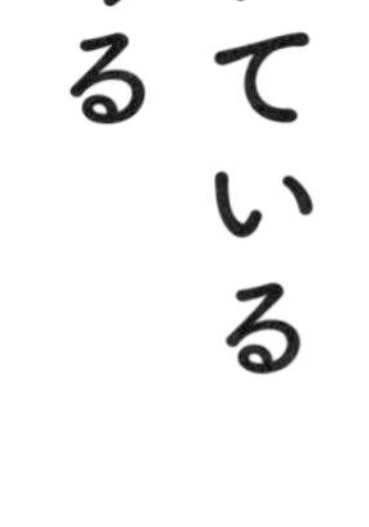

【誇大広告にあたる用語】
最高級、日本一、破格、格安、超高級、激安、完全、完璧、永久、絶対、特別、一流、プレミアム、驚愕、極上、超豪華

第2章

良い不動産会社・営業担当者の選び方

1 口コミを読んで、不動産屋の対応を確認する

口コミを見るときの3つの確認事項

近年、スーモなどの住宅情報サイト、グーグルマップの口コミの数や評価の内容に力を入れる不動産屋が多くなってきました。

口コミの投稿者は同業者、アンチ、サクラなどの可能性もありますので、100%信用できるものではありませんが、参考にはなります。

参考にすべき点は主に次の3つです。

①口コミの内容を確認する

口コミの数と内容を確認して、リアルな口コミなのかを確認する必要があります。

感情的なコメントはあまり参考にせず、具体的なコメントを参考にしましょう。

たとえば、「ここの営業マンの態度は酷すぎる！ここには不動産の相談をしない方がい

い！」といったコメントは、競合他社などの嫌がらせの可能性もあるため、個人的にはあまり参考にしないようにしています。

写真ではなくテキストベースのみのコメントでの判断となるため、複数のサイトを比較してなるべく多くの口コミを参考にして比較する必要があります。

②口コミの更新日を確認する

口コミの更新日は新しいものであるほど参考になります。口コミの内容は、不動産屋自体ではなく、営業担当者に対するものが多いからです。

たとえ口コミが悪かったとしても、不動産屋の営業担当者は1～3年で違う店舗に配属されることが多いため、すでにその担当者は異なる店舗に配属になっている可能性もあります。

不動産屋の営業担当者が代わることによって、サービスの質が高くなることもあります。たまたま新人や成績の悪い担当者だったのかもしれません。

不動産屋や営業の口コミ情報が古い場合、スタッフ紹介・ブログ記事・SNSの情報がないか確認してみましょう。それでも情報を得られない場合は、不動産屋へ電話をして営業担当者に代わってもらい、対応が良いかどうかを確認します。

最終的には実際に不動産屋に出向いて、営業担当者の話を聞いて観察するしかありません。

③不動産屋の口コミへの対応を確認する

口コミへの不動産屋の返事のスピード、適切な対応をしているかなどを確認しましょう。

ユーザーが口コミを書き込んだ日時と不動産が確認した日時を比較して、対応スピードをチェックするのが良いです。また。口コミ内容を見て対応方法に問題がないかも確認しましょう。

お客様との対応に力を入れている不動産屋は口コミの収集にも力を入れているケースが多いです。以上の3点を意識して口コミ情報を確認することで、優良な不動産屋と出会える可能性は高くなります。

仲介手数料を安く抑えられるかを判断する

仲介手数料が安いのはメリットばかりではない

不動産屋のコーポレートサイト（主にサイトのトップページ、物件紹介ページ、新着情報、ブログ）、物件掲載サイト、不動産屋の経営者、営業、事務のSNSを確認して、仲介手数料の値引きをしているかを確認しましょう。

ただし、多くの不動産屋では売買仲介手数料の値引きをしておりません。不動産屋は、不動産売買契約時または決済時にお客様からもらう仲介手数料が主な収益源だからです。仲介手数料を削減するためには、テナントの賃料削減、サービスや保証を無くす、人件費削減、社員教育の機会を減らすなどしなければ実現はしません。**「仲介手数料を値引きしてくれる＝優良な不動産屋」とも限らないのです。**

一概には言えませんが、仲介手数料を値引きしなければお客様を集めることができない不動産屋は、売買取引経験が少ない可能性もあります。

他にも、仲介手数料を無料と謳っておきながら、何らかの理由をつけて他の項目名でお金を請求されることもあるそうです。

仲介手数料が安いからといって、安易にその不動産屋に飛びつくのは危険です。

不動産売買の相談は、仲介手数料を支払ってでも経験豊富な営業担当者に頼んだ方が良いでしょう。不動産売買取引経験１００件以上、不動産業界歴10年以上、宅地建物取引士資格を保有している営業担当者が在籍する不動産屋を探してみましょう。

仲介手数料を0円にする判断材料に

不動産売買仲介手数料の値引きについて否定的なことを書きましたが、実は仲介手数料をゼロにできる場合があります。

それは、「売主が建売を建築している会社の建売住宅」または「売主が不動産屋のリノベーション住宅」を購入する場合です。

これらのケースでは、仲介をする不動産屋でなく、**直接、売主の不動産屋と契約すると、仲介手数料をゼロにできる可能性があります。**また、建物代金の減額など、全体の費用も抑えられる可能性も高くなります。
仲介の不動産屋を通して購入しないといけない場合、売主の不動産屋から仲介の不動産屋へと仲介手数料が支払われるかどうかで、仲介手数料をゼロまたは値引きができるかどうかが変わります。仲介業者の不動産屋を2社以上比較してから、購入を決めましょう。

こういった物件に該当するかどうかを調べるためには、住宅情報サイトや不動産屋のサイトの取引形態の箇所を確認します。ページ内で「取引形態」または「媒介」とキーワード検索をかけることで、すぐに調べることができます。

③ 物件価格交渉がしやすい媒介形態とは

媒介形態は3つに分類される

住宅情報サイトの物件詳細ページには、媒介形態という項目があります。
この媒介形態を確認することで、不動産屋と売主の契約関係がわかります。
媒介形態は次の3つに分類されます。

- **専属専任媒介契約**
- **専任媒介契約**
- **一般媒介契約**

3つの形態にどのような違いがあるのかは、次ページ上図を参考にしてください。

これら3つの契約の中で、**物件の価格交渉をしてくれる可能性が高いのは、専属専任媒**

3つの媒介形態の特徴

	専属専任媒介契約	専任媒介契約	一般媒介契約
販売を依頼できる不動産屋の数	1社のみ	1社のみ	複数社可能
自己発見取引（売主が自ら買主を見つけて取引する）	不可	可能	可能
販売の依頼主への活動状況の報告義務	1週間に1回以上	1週間に1回以上	報告義務なし
レインズへの登録義務	あり	あり	なし

介契約もしくは専任媒介契約です。

なぜなら、これら2つの契約は、上図にもある通り売主と販売担当をしている不動産屋が1社のみとなるからです。

物件を探す際には、媒介形態にも注目してみると良いでしょう。

④ 不動産屋の情報を事前にネットで調べる

電子契約に対応しているか調べる

不動産屋のコーポレートサイトや住宅情報サイトなどで、電子契約に対応可能かどうか、電子契約の実績があるかを確認しましょう。

物件の価格によりますが、不動産売買契約に必要な収入印紙代は数万円になることも多いです。しかし、**電子契約であれば収入印紙代はかかりません。**

また、不動産の契約では、発言の有無をめぐってトラブルに発展するケースもありますが、電子契約ではオンライン電話の内容を録画するため、発言の有無を明確に記録できます。

職人スタッフが在籍しているか調べる

新築戸建てや中古戸建ての購入時に合わせてリフォームも行おうとしている場合、不動産屋がリフォームの提案をしてくるケースもあります。その場合、その不動産屋が**自社で職人と現場監督を抱えているか確認しましょう。職人や現場監督の教育の環境が整っているかもとても重要です。**

外注が必ずしも悪いわけではありませんが、割高になるケースが多いです。粗利40％以上を基準とするリフォーム会社も多いため、割高なリフォーム工事の依頼をしないよう、必ず他社と相見積もりを取るようにしてください。

不動産売買契約の前から、不動産の購入とセットでリフォーム工事も強制してくる不動産屋は割高な可能性が高いので、注意しましょう。

法令違反をしたことがあるかを調べる

不動産屋を運営するには必ず免許権者（国土交通大臣または都道府県知事）の免許が必要です（20ページ）。そして、不動産屋に法令違反があった場合、免許権者が行政処分を不動産屋に実施します。

宅地建物取引業法に違反した場合、国土交通省が運営する「ネガティブ情報等検索サイト」や各都道府県のサイトに監督処分を行った不動産屋が掲載されるので、過去に行政処

ネガティブ情報等検索システムサイトの利用法

ステップ1	ネットで「ネガティブ情報等検索サイト」と検索
↓	
ステップ2	「国土交通省　ネガティブ情報等検索サイト」を選択
↓	
ステップ3	事業分野で「不動産の売買・管理」を選択
↓	
ステップ4	「宅地建物取引業者」を選択
↓	
ステップ5	「処分等年月日」「処分等を行った者」「事業者名」 「都道府県」「処分等の種類」を選択して検索

分を受けていない不動産屋に相談することをおすすめします。

「都道府県名　宅建業者　行政処分」とキーワードを入れてネットで検索をかけると、過去一定期間における、その都道府県のサイトで宅建業者の行政処分の情報を閲覧できます。

ネガティブ情報等検索サイト、都道府県のサイト、それぞれに掲載されていない行政処分情報があるため、必ず両方の処分情報を確認しましょう。

宅地建物取引士の資格を持っているか確認する

多くの不動産屋の営業担当者は、「宅地建物取引士」という国家資格を保有しております。この資格を保有している人は、不動産取引をする上での一定の知識があると言えます。

ただし、数年働いても宅地建物取引士の資格を保有していない営業も一定数存在します。

必ずしも宅地建物取引士の資格を保有していない人の能力が低いとは限りませんが、個人的にはこの資格の保有は営業担当者にとって必須だと考えています。

主な理由は、**宅地建物取引士の資格がなければ1人で契約を締結できないためです。**

宅地建物取引士には「契約内容を記した書面（37条書面）への記名」「契約締結前に行う重要事項の説明」「重要事項説明書面（35条書面）への記名」の3つの独占業務があります。運転免許証がないと車を運転できないのと同じで、宅地建物取引士の資格がなければ不動産取引を行うことができないのです。

宅地建物取引士は、時間をかけて勉強をすれば必ず取得できる資格です。この資格を保有している担当者に相談することは必須と言えるでしょう。

物件や周辺環境の知識や取引の経験があるかを調べる

不動産屋の営業担当者は、物件だけでなく、物件の周辺環境にどれぐらい詳しいかも重要です。

周辺環境というのは、土地の相場、他社の物件の売り出し情報、災害情報、商業施設、小学校・中学校の教育環境、事件や事故情報、地域特性などを指します。

地域のことにどれぐらい詳しいか、不動産売買取引実績がどれぐらいあるのかを不動産屋のブログ記事・スタッフ紹介、SNSなどで確認することをおすすめします。

個人的な見解ですが、今後さらに不動産屋の経営者・営業担当者・人事を中心にSNSなどを活用した発信に力を入れる人が増加して、業界の透明化が進んでいくと考えています。

5 担当者が合わないと思ったら、我慢せずに担当替えを依頼する

マイホーム購入は一生に一度の大事な買い物

ほとんどの方にとって、マイホーム購入は一生に一度の大事な買い物になります。特に家族がいる方にとっては高額なマイホーム購入を失敗することはできません。何百万円、何千万円を現金で一括支払いするよりも30～35年ほどの返済期間で住宅ローンを組む方が多いと思いますので、慎重にならざるを得ません。

どこの不動産屋に手伝ってもらうかも重要ですが、どの担当者に相談するかも重要です。営業担当者の役割は、お客様の要望に沿った物件を紹介したり、安心安全な不動産取引をサポートしたりすること。要望に沿った物件を紹介してくれない、電話やメールのやりとりや遅い、不動産の知識が足りない、子供への配慮が足りないなど、役割を果たしていない人が担当になるのは不幸でしかありません。

頼りない担当者だと感じた場合は、我慢せずに他の営業担当者や事務のスタッフさんに、担当者の変更を頼みましょう。

信頼のできる営業担当者の特徴は、要望に沿った物件を紹介してくれる、レスポンスが早い、見た目や服装が清潔、話をしっかりと聞いてくれる、手先の動作が綺麗、落ち着いている、自信を持って物件情報などを紹介してくれるなどが挙げられます。

第3章

内覧から契約までに意識すべきポイント

ネットを活用して、現地に行く時間や手間を省く

グーグルストリートビューで現地の状況を確認する

気になる物件が見つかったら、まずはグーグルストリートビューで現地を確認しましょう。スマホやパソコンで、**誰でも簡単かつ無料で物件の現地や近隣調査ができるので、周辺環境を調べるのには最適なツール**です。

ただし、グーグルストリートビューを活用するには、住所の情報が必要です。住宅情報サイトには、住居表示や地番が掲載されていないことが多いため、その場合は不動産屋へ電話をして住居表示などを確認する必要があります。地域によっては、ストリートビューを利用できない可能性もあります。

グーグルストリートビューを活用し物件を調べたら、現地を実際に見てみることをオススメします。もし、時間がない場合や遠方の場合などはオンライン内覧を活用しましょう。

グーグルストリートビューで確認するポイント

- ☑前面道路の幅 ☑接道間口 ☑隣や前面道路との高低差
- ☑隣地の建物までの距離や建物の高さ
- ☑近隣にゴミ屋敷がないか ☑日当たりの良さ
- ☑近隣の車種 ☑音や臭いが発生するような建物がないか
- ☑電柱の位置 ☑土地の地形 ☑土地が平坦かどうか
- ☑撮影日
（過去の撮影日のものを確認することで新たな発見があることも）

街の過去の様子もわかる

グーグルストリートビューの「他の日付を見る」をクリックすることで、過去に遡り街の画像を確認することもできます。

場所によって遡ることのできる日付は異なり、最も遡れる地域だと2007年5月25日までの様子を確認することができます。

近隣情報で営業担当者の力量がわかる

営業担当者は、店舗付近の地域情報について詳しい人が多いです。

ネットを使って周辺情報を調べるのはとても大事ですが、ネットの情報はすべてが正確なわけではありませんし、ネットには出ていない近隣情報もたくさんあります。そのため、近隣情報をいかに把握しているかで、営業担当者の力量がわかります。

ネットで得られる情報だけでなく、**不動産屋の営業担当者から、近隣の治安、コミュニティ情報、建築計画、小学校・中学校の教育環境など、多くの地域情報を得ましょう。**

ネットでは、「近くに公園があるか」「スーパーがどれくらいの距離にあるのか」などはわかりますが、「その公園が夜間に安全なのか」「近隣で事故や事件が最近発生したのか」などはわかりません。そういった情報を営業担当者が持っている可能性があるのです。

営業担当者がどれだけ正確な情報を持っているか、地域に精通しているかで、購入者の未来に大きな影響を与えるでしょう。

② 住宅購入前に確認するべき重要な条件面とは

店に行く前に取引態様を確認する

住宅情報サイトを見ていると、内覧したいと思える物件と出会うことがあります。しかし、いきなり店に行く、内覧を申し込むのではなく、まずは取引態様を確認しましょう。

取引態様は、売主または代理・専任・一般・媒介の順に価格交渉しやすい傾向にあります。

取引態様が、一般または媒介と記載されていた場合、その物件は複数の不動産会社が取り扱っている可能性が高くなります。その場合は、複数の住宅情報サイト（主にスーモ、ライフルホームズ、アットホーム）を見て、実際に複数の不動産会社がその物件を取り扱っているか確認します。

もし、物件を取り扱っている不動産屋が複数ある場合は、コーポレートサイト、グーグルマップ上の口コミ内容、仲介手数料を割引いてもらえるかなどを確認して、どこの不動産屋が良いのかを比較してみましょう。

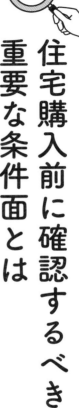

建物保証などの情報を確認する

取引態様を確認した後、不動産屋に来店予約するか、もしくはオンライン内覧の申し込みをします。オンライン内覧は不動産屋の営業担当者に直接会わずにじっくり物件を内覧できるので、情報収集段階の方にはとてもおすすめです。

オンライン内覧であれば、移動時間や交通費を節約できますし、悪天候でも内覧が可能です。内覧しながらメモやレコーディングもしやすいため、後々トラブルになりづらいといったメリットもあります。

このようにオンライン内覧はとても便利なのですが、そのまま物件を購入しようとすると、細かな情報や重要な保証情報などを見落としやすい危険性もあります。

特に見落としやすいのが、建物保証、住宅メンテナンスの保証、水回りの保証、地盤保証等の保証内容、保証期間などです。

特に、建物保証は住宅購入にあたって非常に重要な要素で、物件に何らかの問題が生じた場合に、修復や補償が受けられるかどうかを決定するものです。この保証がない場合、後々になって高額な修繕費用が発生するリスクが高まります。

他にも、中古住宅の場合、過去の修繕履歴やリフォーム内容を確認することで、将来の修繕計画が立てやすくなります。

契約不適合責任を確認する

住宅を購入した際に売主に課せられる契約不適合責任についても把握しておきましょう。**契約不適合責任（または商品の瑕疵に関する責任）とは、契約に基づく取引において、売買された商品が契約内容や約束された条件に適合しない場合に、売主が買主に対して負う責任**を指します。

たとえば、物件状況等報告書に「雨漏りはしていません」と記載があったのにも関わらず、物件の決済、引き渡し後に雨漏りが発覚した場合、買主は売主へ雨漏りの修繕工事の請求ができます（建物状況によっては請求できないこともあります）。

もし、相手に新たな費用を請求できない内容の場合は、減額を要求することもできます。たとえば、土地の面積が契約内容と実際の面積で異なる場合は、新たに土地を用意してもらうことは難しいので、減額請求をすることになります。

他にも、約束をした義務を果たさない債務不履行の場合は損害賠償請求ができます。もしくは、相手へ相当の期間を定めて催告し、催告の期間内に契約内容が履行されなければ契約解除もできます。ただし、いずれの場合もどの箇所が違反なのか、根拠を持って相手へ請求する必要があります。

中古マンションの場合、修繕積立金と管理費の滞納状況を確認する

中古マンションの購入を検討している人は、**マンション1室だけでなくマンション全体の修繕積立金、管理費などの滞納状況についても確認しましょう。**

修繕積立金は、マンションの大規模修繕などのために毎月積み立てられる金額です。この金額がきちんと積み立てられているか、またその使用状況はどのようになっているかという点は、マンションの将来的なメンテナンスや価値を示す重要な指標となります。

管理費は、マンションの日常的な管理や運営に必要な費用です。管理費が滞納されていると、マンションの管理が適切に行われないリスクが高まります。滞納が多い場合、そのマンションの経営状況や住民の経済状況が良くない可能性が考えられるため、注意が必要です。

購入予定の1室の滞納がなければ安心というわけではありません。マンション全体で滞納があると、修繕積立金や管理費が上昇するかもしれませんし、修繕の費用を賄えずに一時負担金を負担するリスクも増加します。

修繕積立金や管理費等の滞納状況などは基本的に管理会社が把握しています。そのため、**物件の販売担当の不動産屋は管理会社へ重要事項調査依頼を行い、修繕積立金や管理費等の滞納状況などを確認します。**

マンション全体とマンション1室の修繕積立金や管理費等の滞納状況、修繕積立金の総額、修繕計画、過去に実施した修繕の内容を、事前に営業担当者に確認しておきましょう。

③ 生活しやすい家を買うために確認するべきポイント

家具のサイズを営業担当者と共有する

快適な生活を実現するためには、家具の配置やサイズも非常に重要です。

物件探しの前に、家具のサイズを営業担当者と共有することで、家具の置けない家ではなく、家具が適切に配置できる家を選ぶことができます。家探しの時間を大幅に削減できますし、購入後の生活もより快適になります。

また、共有する情報が増えることで、営業担当者とのコミュニケーションが深まります。

オプション工事が必要な箇所があるのか注意して見る

新しい家を購入する際、多くの人は間取りや立地、設備などのポイントに注目します。

しかし、それだけではなく、**照明やカーテンレールなどの細部まで注意して確認するこ**

家具のサイズを営業担当者と共有する方法

ステップ1　家具のサイズを測定
すでに持っている家具のサイズをメジャーで正確に測定します
↓
ステップ2　配置計画の作成
各部屋にどの家具を配置するかを決めます
↓
ステップ3　営業担当者との共有
家具のサイズと配置計画をリストアップし、営業担当者に共有します
↓
ステップ4　物件の紹介
営業担当者が現地や平面図にて
家具が理想の通り配置できるかを確認して、物件を紹介します

とで、後々により生活しやすくなります。

特に照明は、私たちの生活の中で非常に重要な役割を果たします。間接照明やダウンライトなど、照明の種類や配置によって、部屋の雰囲気が大きく変わるでしょう。

新しい家に引っ越した後に照明がないことに気づくと、後からのオプション工事が必要となり、コストや手間がかかることもあります。

カーテンレールも、後から取り付けるとなると、工事の手間やコストがかかります。

他にも、キッチンの収納や浴室の設備などオプション工事が必要な箇所があるかもしれません。これらのポイントを事前にリストアップし、物件を見る際に営業担当者とともに確認するこ

とで、後からの手間やコストを省くことができます。

営業担当者は物件の詳細情報を持っているため、オプション工事が必要な箇所や、物件の特徴を事前に共有することで、より適切な物件を提案してもらえる可能性が高まります。

もちろん、家の引き渡しが終わった後にオプション工事をすることもできますが、次のようなデメリットがあります。

①コストがかかる

後からの工事は、予算オーバーを引き起こす可能性があります。

②手間がかかる

工事の日程調整や、工事中の生活の不便など、多くの手間が発生します。

③生活に悪影響が出る可能性がある

適切な照明や設備がないと、生活の質が低下する可能性があります。

④ 相見積もりを取るときに気をつけるべきポイント

相見積りを取る

住宅を購入すると、リフォームやオプション工事、ときには建物の解体が必要となることがあります。**これらの工事は高額になることが多く、より良い会社を選択するためには複数の会社から見積もり（相見積もり）を取る必要があります。**

リフォームは、家の価値を向上させるための重要な投資です。しかし、その価格は会社によって大きく異なります。適切な価格で質の高いリフォームを実現するためには、相見積もりを取る必要があります。

オプション工事は、新築戸建てまたは新築マンションを購入する際に、販売会社から提案されるケースがあります。比較的、お値打ちかと思いますが、内容によっては他社で工事をしてもらった方が安いこともありますので、リフォームのときと同様に相見積もりを取った方が良いでしょう。

建物の解体は、新しい家を建てるための第一歩です。解体工事は単純な作業のように思えますが、会社の技術や経験によって、作業の質や価格が大きく異なります。

そのため、複数の会社から見積もりを取ることで、安全で適切な価格の解体工事を実現することができます。


相見積もりを取るときは、次の3点を意識しながら依頼しましょう。

①会社の選定方法

歴史や実績のある会社を選ぶことが大切です。コーポレートサイトの会社概要や事業内容などを確認して、会社名、住所、資本金、主要取引先、お客様の声、スタッフ紹介などが充実しているか確認しましょう。

それぞれの見るべきポイントは次の通りです。

◎会社名等

・知名度のある会社かどうか
・代表者の顔写真や代表者のメッセージはあるか？

◎住所
・記載されている住所に会社は存在しているか
・マンションや一戸建てではなくビルなどに事務所を構えているか？

◎資本金
・資本金３００万円以上かどうか

◎主要取引先
・主要取引先の記載がされているか

◎お客様の声
・お客様の顔写真などとともにお客様の声が公表されているか

◎スタッフ紹介
・顔写真、氏名、ＰＲが公表されているか

その他には、グーグルマップやSNSで高評価の口コミ情報が書かれているか調べると、非常に参考になります。

②明確に要望を伝える

自分の要望を明確に伝えることで、適切な見積もりを取ることができます。

口頭説明ではなく、図面や写真などを用いて現地調査を行ってもらってから、打ち合わせをしましょう。

③見積もりの詳細確認

見積もりの中身を詳しく確認し、不明点や疑問点は問い合わせします。

悪徳な会社には、よくわからない内訳が入っていることがありますので、最低3社以上の比較をして、内訳も深掘りして確認してください。

5
電子契約で時間と収入印紙代を節約する

自宅で契約手続きが可能に

今まで、マイホーム購入の契約の際は不動産屋や住宅メーカーの店舗へ行き、対面で契約を行っていました。しかし、現在は自宅にいながら電子契約が可能です。

自宅で契約手続きができるため、支度、移動、子どもへの配慮などが不要となり、時間の有効活用、身体や精神面での負担軽減に繋がります。

また、不動産売買契約書は日本の印紙税法上、課税文書とみなされます。紙の契約書では、契約金額に応じた収入印紙を不動産売買契約書に貼りつけて、売買契約書と収入印紙にかかるように割印（消印）をする必要があります。

令和6年1月現在、不動産売買契約書に貼り付ける収入印紙の価格は73ページの表の通りです。令和8年3月31日まで、住宅購入の印紙代は軽減税率が適用されます。

収入印紙の価格表の通り、500万円までの契約金額であれば印紙代は千円で収まりますが、500万円を超えると収入印紙の額が跳ね上がります。

マイホーム購入の契約書に貼りつける収入印紙は5千円または1万円のケースが多いです。1万円なら大した金額ではないと思われるかもしれませんが、マイホームの購入にはあらゆる諸費用がかかるため、馬鹿になりません。

これが**電子契約の場合、収入印紙の貼りつけは不要となり、印紙代を節約できます。**

不動産売買契約書の他にも、リフォーム契約、金融機関と取り交わす、住宅ローンの金銭消費貸借契約、住宅メーカーや工務店と取り交わす、建物の請負契約書などにも契約金額に応じて収入印紙を貼りつける必要があります。これらの契約も電子契約で進めることができれば、収入印紙代を節約できます。

契約の際は、対面での契約と電子契約を選ぶことができるケースが多いですが、**手間が軽減できて、収入印紙代のかからない電子契約で進めることをおすすめします。**

電子契約の場合、オンライン電話での契約書類の読み合わせを行い、録画が必須となります。記録が残るという点でも、対面よりも電子契約の方がおすすめです。

収入印紙の価格表

契約金額	本則税率を適用した印紙代	軽減税率を適用した印紙代
10 万円を超え 50 万円以下のもの	400 円	200 円
50 万円を超え 100 万円以下のもの	1 千円	500 円
100 万円を超え 500 万円以下のもの	2 千円	1 千円
500 万円を超え 1 千万円以下のもの	1 万円	5 千円
1 千万円を超え 5 千万円以下のもの	2 万円	1 万円
5 千万円を超え 1 億円以下のもの	6 万円	3 万円
1 億円を超え 5 億円以下のもの	10 万円	6 万円
5 億円を超え 10 億円以下のもの	10 万円	6 万円
10 億円を超え 50 億円以下のもの	40 万円	32 万円
50 億円を超えるもの	60 万円	48 万円

第4章

お役立ち情報が手に入るおすすめサイト

①ネットで土地の情報を収集し相場などを把握する

「土地総合情報システム」で成約情報がわかる

国土交通省が運営する「土地総合情報システム」というサイトでは、2018年1月以降の土地、戸建て、中古マンション等、農地、林地などの成約情報を確認できます。


確認するには、まずサイトにアクセスして「不動産取引価格情報検索」をクリックします。そして、左上から取引時期、物件の種類、地域を選んで検索するだけです。

検索結果では、成約した取引価格や取引時期はもちろん、最寄り駅からの距離や土地面積、平米単価、土地の形状、建ぺい率、容積率など、取引時の事情等を確認できます。

土地代などのおおよその相場を掴むことで、相場より高めの額で契約しようとする営業担当者に騙されずに済みます。

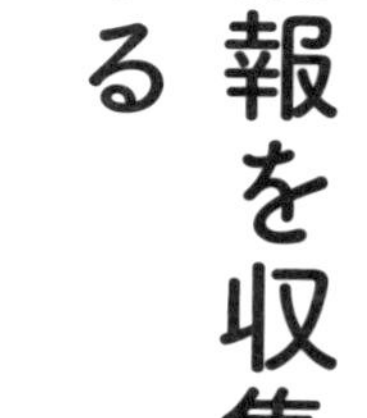

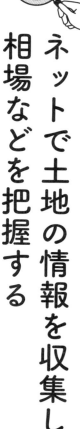

「登記ねっと」を活用して不動産トラブルを調べる

「登記ねっと」を活用すれば、不動産の面積や所有者、所有権以外の権利に関する事項などを確認できる登記事項証明書を見ることができます。また、他にも地図、図面証明書の交付手続きをすることができます。

登記事項証明書の権利部の乙区の欄を確認すると、どこから抵当権（金融機関への担保など）がついているのか、外部から差押え登記などがされていないかを確認できます。

その他にも、登記事項証明書を見ることで、不動産の売主の住宅ローンなどの支払い能力があったのか、お金などの理由でトラブルになっていないかを確認できます。

たとえば、近隣の不動産に対して、債権回収会社などから差し押さえが入っていた場合、何らかの理由でお金に困っているということがわかります。

もちろん、不動産屋に相談をすれば、該当の土地の登記事項証明書を取得してくれます。そして、中身を調べて内容を教えてくれます。

不動産屋に相談する前にトラブルを確認したい場合に、登記ねっとを有効活用すると良いでしょう。

「財産評価基準書」で土地の相場を把握する

国税庁の運営する「財産評価基準書」にアクセスすると、各土地の路線価図・評価倍率表を確認することができます。土地の相続や贈与を申告する際に重要な、路線価や借地権割合を調べることができるのです。

この路線価は、土地の相場を調べるのにも役に立ちます。路線価は実勢価格（相場）のおおよそ80％の価格に設定されているからです。

つまり、路線価を1・25倍すれば、土地代のおおよその相場がわかるのです。

もし、不動産屋から相場より高い値段で土地を売られそうになっても、相場がわかっていれば冷静に対応できます。

ただし、市街化調整区域（市街化を抑制する区域）では、路線価が定められていません。その場合は、固定資産評価証明書など別のものを参考にしながら、土地相場を把握する必要があります。

路線価図の見方

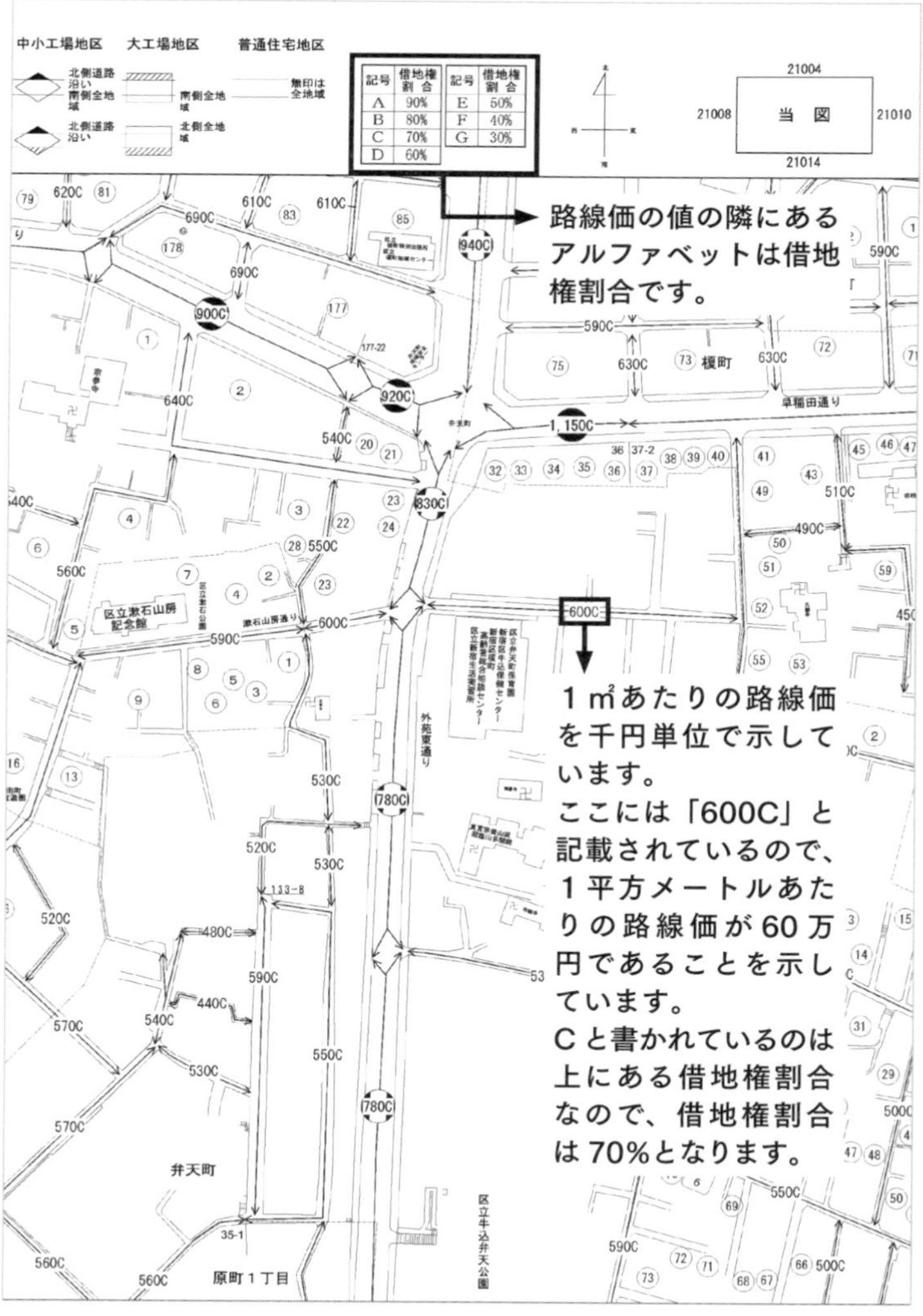
中小工場地区　大工場地区　普通住宅地区
北側道路沿い南側全地域
北側道路沿い
南側全地域
北側全地域
無印は全地域
記号 借地権割合
A 90%
B 80%
C 70%
D 60%
E 50%
F 40%
G 30%
21004
21008 当図 21010
21014
路線価の値の隣にあるアルファベットは借地権割合です。
1㎡あたりの路線価を千円単位で示しています。
ここには「600C」と記載されているので、1平方メートルあたりの路線価が60万円であることを示しています。
Cと書かれているのは上にある借地権割合なので、借地権割合は70%となります。
榎町
早稲田通り
区立漱石山房記念館
漱石山房通り
外苑東通り
弁天町
原町１丁目
区立牛込弁天公園

②「不動産ジャパン」でお役立ち情報を手に入れよう

プロも参考にしている信頼性の高いサイト

不動産ジャパンは公益財団法人不動産流通推進センターが運営する信頼のおけるサイトです。このサイトには、**不動産売買をする上で知っておきたいことがまとまっており、全国の不動産屋も情報収集の際などに参考にしています。**

さまざまな情報が集約されていますが、特に「住まい探しのお役立ち情報」と「住まい探し講座」は参考になります。それぞれの見るべきポイントをお伝えします。

◎住まい探しのお役立ち情報

・住宅関連助成など
自治体の助成金や出産、子育て、バリアフリー、ハザードマップ（地震、津波、河川の氾濫など）、高齢者の生活援助サービスなどの情報を得ることができます。

・保育所等子育て支援情報

保育所・幼稚園の検索・お役立ち情報、訪問保育サービス・保育施設の検索、病児・病後児を預けられるファミリーサポートセンターの検索などができます。

また、「東京都ひとり親家庭支援センターはあと」のサイトのリンクもあります。はあとは、東京都のひとり親家庭（母子家庭・父子家庭）、寡婦及びその関係者に対し、生活相談、養育費相談、離婚前後の法律相談、面会交流支援などの相談を行っています。他にも、就業支援講習会、ライフプランセミナーなどのイベントやセミナー、無料職業紹介等を行っています。

・ハザードマップ

日本全国のハザードマップを確認できます（詳細は30ページ参照）。

・防犯関連情報

東京都、愛知県、大阪府、福岡県に限りますが、地域の犯罪発生状況や情報を得ることができます。他の地域は、各自治体や管轄の警察署に情報を確認してみてください。

・相場・取引動向
土地、新築マンション、中古マンション、一戸建て（新築・中古）、賃貸物件の相場と市場動向を調べることができます。

◎住まい探し講座

・不動産基礎知識
不動産を「買う」「売る」「買い替える」「借りる」「貸す」ときの基礎知識を学べます。家選びで大切なことがまとめられているので、ぜひ一度目を通すことをオススメします。

他にも「住まいのトラブル相談室」があり、住まいの相談全般、トラブル事例、住まい探し体験談など、マイホームを購入する上での知識を幅広く得ることができます。

③ ｇｏｏの「暮らしデータ」で自治体の支援制度がわかる

各自治体の特徴がわかり、住みたいところが見つかる

ＮＴＴグループが運営するサイト「ｇｏｏ住宅・不動産」の中に「暮らしデータ」というページがあります。暮らしデータには、全国８１５自治体（市区）について、暮らしに役立つさまざまな情報があります。

情報は幅広く、次のようなデータを得られます。

◎出産・子育ての給付金（補助金・助成金）
出産・育児、子ども・学生等医療、幼稚園・保育園、小学校・中学校。

給付金だけでなく、保育所やこども園の数、待機児童数、公立小・中学校の学級１人あたりの人数など、子育て環境についての詳細が載っています。

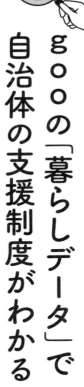

◎住まいの給付金

新築建設、新築購入、中古購入、増築・改築・改修、その他の給付金。

◎公共サービスや治安

公共料金・インフラ（下水道普及率）、安心・安全（火災や刑法犯の件数など）、医療（病院数や小児科医数、産婦人科医師数など）、ごみ（各ごみの収集方法）などのデータ。

◎人口などの統計情報

総面積、世帯数、人口総数、年少人口率（15歳未満）、生産年齢人口率（15〜64歳）、特産・名産物、主な祭り・行事、市区独自の取り組み、ふるさと納税に対する取り組み、土地平均価格（住宅地）など。他にもさまざまなデータがあります。

さまざまなデータがありますが、**特に見てほしいのは「住まいの給付金」と「安心・安全」です。また、該当するお子さんがいる場合は、「幼稚園・保育園」も重要です。**
まずは、「暮らしデータ」で住みたい自治体をおおよそ絞ります。そして、最新かつ確実な情報は各自治体に問い合わせてみましょう。

④「空き家バンク」の登録物件を購入すると補助金制度を利用できる

空き家を買うメリット・デメリット

家を買うときの選択肢の一つとして、空き家を購入するという手段があります。
空き家購入の主なメリット、デメリットは次の通りです。

◎メリット

①手軽かつお得な金額で購入できる可能性がある
②自治体によっては、リフォームや解体に補助金が出る

◎デメリット

①予想以上にリフォーム費用がかさむ可能性がある
②建築年数や建物の状態によっては住宅ローン控除を受けられない

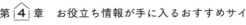

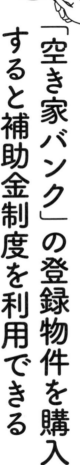

③空き家によっては住宅ローンの審査を通過しづらい、または受けられない（築年数がかなり経過しているなど）

空き家を探すなら「空き家バンク」を活用する

もし、空き家を探すのでしたら、空き家バンクを活用することをオススメします。空き家バンクとは、自治体がサイトなどで空き家情報を提供するしくみです。

令和元年に実施された国土交通省のアンケートによると、約7割の全国1261の自治体で空き家バンクが設置されています。

もし、すでにどこの空き家を探すのかエリアが絞れている場合は、そのエリアの自治体が運営している空き家バンクなどの情報を確認しましょう。空き家を購入しようとしているエリアで、どのような補助金があるかも事前に調べましょう。
広範囲で空き家を探す場合は、アットホームとライフルホームズの空き家バンク情報を参考にすると良いでしょう。多くの自治体の空き家バンク情報が掲載されています。

空き家対策の支援制度を調べる

「「地方公共団体による空き家対策支援制度」検索サイト」では、各都道府県・市区町村より提供されている空き家対策支援制度情報が掲載されています。


地方公共団体、支援対象区分、人口別の3つを選択すれば、すぐに全国の空き家に関する支援情報を確認することができます。

ただし、掲載されている情報が最新情報ではない可能性もあります。気になる自治体を絞ったら、対象エリアの自治体へ問い合わせをして最新情報を得るようにしてください。

また、国土交通省サイトの「空き家・空き地バンク総合情報ページ」には、空き家・空き地に関するさまざまなサイト情報、新着情報がまとめられており、幅広く空き家・空き地の関連情報を得ることができます。

同じく国土交通省の「全国地方公共団体空き家・空き地情報サイトリンク集」では、各自治体などが運営するサイトを一度に確認できて、最新情報の取得や問い合わせ先の情報を収集できます。

これらのサイトも上手く活用しながら、情報収集をしましょう。

5 空き家に関する法改正で市場はより活性化する

法改正で空き家の扱いはどう変わるか

空き家の概要や探し方などについて紹介しましたが、ここでは空き家に関する法改正や制度をどのように活用すべきかを紹介します。

「空家等対策の推進に関する特別措置法」という法律があります。これは、管理されていない空き家を増やさないための対策として、平成26年11月27日に公布された法律です。

空き家等の対策の基本指針や計画の策定、空き家等の情報収集、特定空き家等に関する施策がまとめられています。

この法律が、令和5年12月13日に一部改正されました。それまでは、空き家の所有者責務の強化によって、「適切な管理の努力」が必要とされていましたが、**令和5年の改正により「国や自治体の施策に協力する努力義務」が追加されました。**

そのため、今後はより空き家の売却や活用が進むことが予想されます。住宅情報サイト

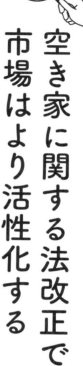

や空き家バンクなどの空き家情報サイトなどを活用して、お得な空き家情報がないかを確認してください。

空き家の譲渡所得で3000万円の特別控除

相続をした空き家について、要件を満たすことで譲渡所得から3000万円を控除できる特例があります。令和3年度は1万1976件も活用されており、この制度を活用して空き家を売る人が、今後も増えていくと予想されます。

また、令和5年の法改正によって、この特例は令和9年末まで延長されました。さらに空き家の売却後に買主が建物の解体工事や耐震改修工事を行った場合でも3000万円の特別控除を活用できるようになりました。

ただし、昭和56年5月31日以前に建築された建物でないといけない点など条件があります。空き家に住み替え予定の方や空き家を売る予定の方は、管轄の市区町村の担当窓口で詳細を確認してみましょう。

「空家等活用促進区域」で市場は活性化

令和5年の法改正により、「空家等活用促進区域」が創設されました。この制度は空き家の活用が最終的な目的ではありません。空き家等の活用を通じて、地域の経済や活動を活性化させることが主な目的です。

この制度を利用して、空き家の活用を促進したい自治体が増え、**市街地だけではなく、農業や林業を営んでいる地域、山間地域の空き家も活用事例が増えることが予想されます。**

空き家によっては、管理が大変で誰も住む予定がないため安くてもいいから売りたい、と考えている所有者もいるかと思います。

今後も、空き家対策のための制度は充実していくことが予想されるので、空き家の情報や制度をネットで調べて、損をせず、マイホームを手に入れましょう。

第5章

住宅ローンで損をしないために

住宅ローンシミュレーションで借入可能額を10秒で調べられる

三井住友銀行のシミュレーションがオススメ

住宅を購入するとき、多くの人は住宅ローンを利用するのではないでしょうか。しかし、いざローンを組もうとしても、自身がいくらのローンを組めるのか不安に思う人もいるかもしれません。

住宅ローンの借入可能額は、ネットですぐに調べられます。ただし、多くのサイトがあるため、信頼性の高い金融機関が運営しているシミュレーションを利用しましょう。

特に、オススメは三井住友銀行の新規借り入れシミュレーションです。必要な情報は、年収、配偶者年収（連帯債務者となる場合）、返済期間、返済方法、他のお借入金年間返済額、金利のみです。10秒程度で簡単に調べることができます。

シミュレーションを利用することで、時間も節約できますし、複数の返済パターンを手

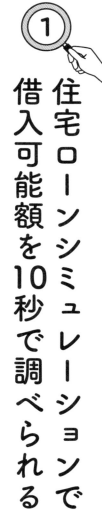

軽に試すことができます。予算も具体的に設定できるでしょう。

ただし、**住宅ローンのシミュレーションはあくまでも参考情報にすぎず、正確な情報ではありません。**金融機関によって借入可能額は変わりますので、正確な情報を得るためには住宅ローンの事前審査の手続きが必要です。

事前審査手続きの3パターン

住宅ローンの事前審査の手続きには次の3パターンがあります。

①金融機関に直接申し込む

都市銀行（メガバンク）、地方銀行、信用組合、信用金庫、労働金庫、ＪＡ（農業共同組合）、ネット銀行などの金融機関に直接電話またはネットで申し込み、手続きを進める方法です。

自分のペースで進められますが、すべての手続きを自分でやらないといけないので、**時間と手間がかかります。**

②営業担当者に相談をして手続きを進める

不動産屋などの営業担当者に手続きを代行してもらいます。自分ですべての手続きをする必要がないため、楽に進められます。また、**不動産屋や住宅メーカーによっては優遇金利を受けられるため、そのような金融機関があるか事前に確認してみましょう。**

ただし、営業担当者が得意先しか勧めてこず、より良い借入先を逃す恐れもあります。

また、悪徳会社は「住宅ローン代行費」を請求してくることもあるため注意しましょう。

③「いえーるダンドリ」を活用する

多くの金融機関を比較したい方は、住宅ローンの比較サービス「いえーるダンドリ」を活用するのも一つの方法です。日本全国の地方銀行やネット銀行等が紹介可能で、月間1000件以上の相談実績があります（エリアによって、一部紹介できない金融機関があります）。

専門家として各住宅ローンを比較し（低い金利・条件など）、お客様のニーズに沿った最適な住宅ローンの紹介をすることが可能です。

ただし、「いえーるダンドリ」は個人では利用できません。不動産屋が登録するものなので、事前に不動産屋に「いえーるダンドリ」を活用しているか相談してみましょう。

② 金融機関によって住宅ローンの特徴が異なる

金利0・1%の違いはとても大きい

住宅ローンの金利は、とても重要な指標の一つです。**わずか0・1%金利が異なるだけで、ローンの返済総額に大きな影響を及ぼすことがあります。**

たとえば、4000万円の住宅をボーナス返済分なし、借入期間35年、元利均等返済でローンを組んだとします。

その場合、金利0・5%と0・6%で比較すると、次の通りとなります。

◎金利0・5%の場合
毎月の返済額：10万3834円
総返済額：4361万2800円
うち利息分：361万2800円

◎金利0・6％の場合
毎月の返済額：10万5611円
総返済額：4435万6620円
うち利息分：435万6620円

このように、トータルで利息の支払いが74万6340円も変わります。借入金額が大きくなればなるほど差が出るため、金利0・1％でも馬鹿にできません。

多くの不動産屋の営業担当者には、仲良くしている銀行があります。3行～5行程度とお付き合いをしており、その中から銀行を提案することが多いため、全ての銀行の金利や商品内容を把握しているわけではありません。

自分にとって最適な住宅ローンを選ぶためには、都市銀行（メガバンク）、地方銀行、信用組合、信用金庫、労働金庫、ＪＡ、ネット銀行など**幅広く金融機関を提案できる営業担当者に相談しましょう。**

金融機関ごとに住宅ローンの特徴は異なる

住宅ローンを組むにあたって、各金融機関の特徴は次の通りです。

◎都市銀行（メガバンク）

日本の都市銀行（メガバンク）は、三菱ＵＦＪ銀行、三井住友銀行、みずほ銀行の３行と言われています。誰もが知る有名な金融機関ですが、**メガバンクは住宅ローンよりも事業者への貸出を強化しているため、住宅ローンの借入金利は高い傾向にあります**（タイミングによっては金利が低いこともあります）。

住宅ローンを組むにあたってのメガバンクの主な特徴は次の通りです。
①多くのエリアに店舗展開しているため、担当者に直接相談がしやすい
②家電購入特典、引越特典、ホームセキュリティ特典などの特典が豊富

◎地方銀行

地方銀行とは、一般的に地方のエリアのみに店舗を構える銀行を指します。エリアに密着して運営しているため、住宅ローンに関する業務提携をしている企業が多く、住宅ローンを強化している銀行が多いです。

住宅ローンを組むにあたっての地方銀行の特徴は次の通りです。

①地方銀行との業務提携ローンを扱っている不動産屋に相談することで、低金利で借入ができる可能性がある
②連帯債務などの融資の方法や住宅ローンの種類が豊富
③特定のエリアで融資が可能

◎信用組合

信用組合は、細かい取り決めなどは異なりますが、基本的には信用金庫と同じような金融機関です。

信用金庫とは異なり、公務員など借入できる人を限定している組合が多いです。

◎信用金庫

信用金庫は、営利目的ではなく地域の繁栄を目的とした金融機関です。
住宅ローンを組むにあたっての信用金庫の特徴は次の通りです。

①信用金庫との業務提携ローンを扱っている不動産屋に相談することで、低金利で借入ができる可能性がある

②特定のエリアで融資が可能
③住宅ローンを比較的借りやすい

◎労働金庫

労働金庫は、労働組合や生協などの会員が協力して運営している金融機関です。
住宅ローンを組むにあたっての労働金庫の特徴は次の通りです。
①組合員になることで住宅ローン金利などの優遇を受けられる
②特定のエリアで融資が可能
③住宅ローンを比較的借りやすい

◎ＪＡ（農業協同組合）

ＪＡは、個人や事業者が協力して運営している協同組合です。
住宅ローンを組むにあたってのＪＡの特徴は次の通りです。
①組合員になる必要がある

②特定のエリアで融資が可能
③住宅ローンを比較的借りやすい

◎ネット銀行

ネット銀行は、対面できる店舗を持たずにインターネット上で運営している銀行です。
住宅ローンを組むにあたってのネット銀行の特徴は次の通りです。

①他の金融機関よりも金利が低い傾向にある
②入出金作業、取引履歴照会などがしやすい
③24時間365日いつでも好きな時間に利用できる
④全国から申込手続き可能
⑤郵送等のやりとりが手間

「フラット35」を使えるかどうか不動産屋に確認する

「フラット35」であれば金利変動のリスクがない

「フラット35」とは、日本全国300以上の金融機関が住宅金融支援機構と提携して扱う固定金利の住宅ローンで、最長35年の借入が可能です。

このローンの最大の特徴は、長期間金利で返済額が変わらないこと。仮に将来金利が上昇したとしても返済額が変わらないため、金利が変動したときのリスクがありません。変動金利型や固定金利期間選択型の住宅ローンと比較すると、ローンの返済計画も住宅を購入した時点で明確に立てることができます。

ただし、金利は高く設定されているため、必ずしもベストの選択とは限りません。他のローンの金利タイプと比較した上で、選択しましょう。

フラット35を取り扱っていない不動産屋もある

フラット35は、すべての不動産会社が取り扱っているわけではありません。フラット35は居住用目的の場合にしか利用できませんが、中には不動産投資目的で悪用する不動産屋などもあり、その場合はフラット35の取り扱いを禁止されていることもあります。

また、**フラット35を取り扱っていたとしても、手続きに時間がかかるなどで率先して取り次ぎをしない不動産会社も存在します。**

フラット35を活用して住宅ローンを組む場合、フラット35の取り扱いだけではなく、不動産屋の直近の取り次ぎ実績も確認してから、相談しましょう。

4 親子で一緒にローンを組む方法

同居親族と一緒にローンを組める

一定の収入のある同居親族と一緒に、それぞれが主たる債務者また相手の連帯保証人となり住宅ローンを組む「ペアローン」という方法があります。

ペアローンに申し込むためには、一人で住宅ローンを申し込むときの条件を両名が満たしている必要があります。

ローンの中には、次の通り親子で契約できるものもあります。

◎親子ペアローン

親子ペアローンは、住宅ローン契約が2本となり、契約者は親および子どもとなります。

申込時には親子双方とも「年齢」「収入」などの住宅ローン申込条件を満たしている必要があります。また、返済も借入時から完済まで親・子どものそれぞれが行います。

◎親子リレーローン

親子リレーローンは、契約が1本で、借入時は親が返済し、途中で返済者が子どもに変更されるリレー形式のローンとなります。

親子ペアローンと同様に、申込時に親子ともに「年齢」「収入」などの住宅ローン申込条件を満たしている必要があります。ただし、親の申込可能年齢は、単独でローンを組むより上限が高くなっている場合もあります。

それぞれの制度の詳細については金融機関によっても異なりますので、融資担当者へ確認してみてください。

第6章

補助金・減税の恩恵を受けるための行政制度の活用法

① 住宅ローン控除で所得税や住民税を減額する

国税庁のサイトで住宅ローン控除の適用条件を確認する

50㎡以上の住宅の新築、取得または増改築を行う際に住宅ローンを組んだ場合、一定の条件を満たすと**所得税や住民税から一定額が控除される制度を「住宅ローン控除」と言います。**

住宅ローン控除の要件は定期的に変わります。たとえば、2023年6月には、**2024年1月以降に建築確認を受けた新築住宅で住宅ローン控除を受けるためには、新しく定められた省エネ基準に適合する必要があると発表されました。**

その他にも、新築住宅の場合、住宅ローン控除を受ける際の借入限度額が107ページ下図のように変更となりました。

住宅ローン控除の適用を受けられるかどうか、詳しくは国税庁のサイトに記載されている「控除の適用を受けるための要件」に該当するか確認してみてください。

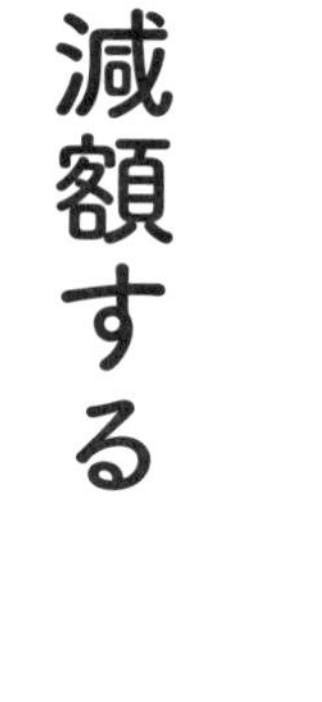

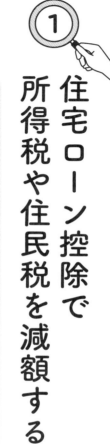

住宅ローン控除のシミュレーション例

借入金額	5000 万円	返済開始月	2024 年 5 月
返済計画	35 年	物件種類	新築戸建て
ボーナス払い	なし	年収	500 万円
金利タイプ	変動	扶養家族	1 人
金利	0.5%	居住地	東京
返済方式	元利均等返済		
13 年間にわたっての住宅ローン控除の合計金額			276.4 万円

※「住宅ローンの控除シミュレーション」（SBI ホールディングス「イー・ローン」）にて作成

新築住宅の借入限度額の変更

	2022 ～ 2023 年入居	2024 ～ 2025 年入居
認定長期優良住宅	5,000 万円【13 年間】	4,500 万円【13 年間】
ZEH 水準省エネ住宅	4,500 万円【13 年間】	4,000 万円【13 年間】
省エネ基準適合住宅	4,000 万円【13 年間】	3,000 万円【13 年間】
省エネ基準に適合しないその他の住宅	3,000 万円【13 年間】	0 円（2,000 万円）※【10 年間】

※一般の新築住宅のうち、2023 年 12 月 31 日までに建築確認を受けたもの、または 2024 年 6 月 30 日までに建築されたものは、借入限度額を 2,000 万円として 10 年間の控除が受けられます。
ただし、特例居住用家屋に該当する場合は、令和 5 年 12 月 31 日までに建築確認を受けたものが対象となります。

「住宅ローンの控除（減税）シミュレーション」を使う

SBIホールディングスが運営しているサイト「イー・ローン」の「住宅ローンの控除（減税）シミュレーション」というページでは、無料かつ手軽に住宅ローン控除の控除額などを調べられます。

「借入額」「返済期間」「ボーナス返済」「金利タイプ」「金利」「返済方式」「返済開始月」「新築または中古」「住宅の種別」「年収」「扶養家族」「居住地」などを入力すると、数秒で住宅ローン控除の合計金額が表示されます。

107ページ上図もこのシミュレーションで作成したものです。どの程度控除されるのか気になる人は、一度このシミュレーションで金額感を掴んでみましょう。

行政の制度を活用して減税や補助金の恩恵を受ける

不動産取得税の特例を活用する

住宅を購入すると、管轄する都道府県から不動産取得税の納税通知書が届きます。納付する金額は「不動産の価格×税率」なので、事前に計算をして用意しておきましょう。

不動産取得税を減らすために次の２つの制度を把握しておいてください。

◎税率の特例措置（適用期限：令和9年3月31日まで）

住宅を取得した場合、不動産の取得税率の本則は４％ですが、３％に軽減されます。

◎課税標準の特例措置

住宅を新築した場合は課税標準から１２００万円を控除します。中古住宅を購入した場合は、築年数に応じて控除額が変わります。

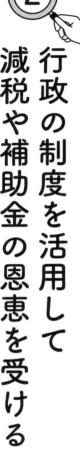

新築住宅特例で固定資産税を50％にする

新築戸建てを購入した場合、新築住宅特例を活用することで固定資産税が一定期間減額されます。**対象床面積は120㎡までで、固定資産税が半額になります。**

半額になる期間は住宅によって異なり、「一般住宅」は3年度分、「3階建て以上で耐火構造の一般住宅」は5年分となります。

また、長期優良住宅の場合は、さらに期間が長くなります（115ページ参照）。

令和8年3月31日までに新築された住宅に特例が適用されます。

住宅取得等資金の贈与で最大1000万円を非課税にできる

マイホームを購入する際に直系尊属（父母・祖父母等）から住宅取得等資金のための贈与を受ける場合、非課税になる可能性があります。**質の高い住宅の場合には1000万円まで、一般住宅の場合には500万円までの住宅取得等資金の贈与が非課税となります。**

令和8年12月31日までの贈与が対象です。自己資金がほとんどなくても、物件代金と諸費用を1本にまとめて住宅ローンを組める時代ですが、借金は少なければ少ないほど良いので、この非課税制度を活用できる場合は、1円でも節約しましょう。

適用条件などの詳細は、国土交通省のサイトで確認してください。

相続時精算課税制度の特例で最大2500万円を非課税にできる

相続時精算課税制度は、60歳以上の父母または祖父母などから、18歳以上の子または孫に対し財産を贈与した場合に選択できる、贈与税の制度です。この制度を選択すると、贈与の年間110万円の基礎控除とは別に、最大で2500万円の贈与を特別控除として非課税にできます。ただし、ここで非課税となった財産は相続財産に加えるため、その分の相続税を支払うことになります。

贈与を受けた年の翌年の2月1日から3月15日の間に、一定の書類を添付した贈与税の申告書を提出する必要があります。

なお、この制度を選択すると、その選択に係る贈与者から贈与を受ける財産については、その選択をした年分以降すべてこの制度が適用され、「暦年課税」へ変更することはできませんのでご注意ください（「暦年課税」の詳細は国税庁のサイトを確認してください）。

自治体の助成金を活用する

自治体における住宅購入の助成金を紹介します。

たとえば、**東京都品川区では、都市防災不燃化促進事業の助成の制度を活用することで、最大1400万円の助成金が受け取れます。**

この制度は品川区の特定のエリアかつ必要な要件を満たした場合にのみ適用されるものです。ただし、東京都品川区以外の自治体でも、エリアによっては助成金や補助金があります。住宅を購入する地域の助成金や補助金について、国土交通省や行政が運営するサイトを確認しましょう。

ここまで紹介した制度は一部です。他にもさまざまな制度がありますので、状況に応じて調べてみると良いでしょう。

③ 長期優良住宅であれば、控除や補助金を受けられる

長期優良住宅の認定基準

長期優良住宅とは、住宅に長く住み続けられるよう、「長期優良住宅の普及の促進に関する法律」に基づき認定された良質な住宅のことです。

長期優良住宅に認定されるためには、次の5つの基準をクリアする必要があります。

①長期に使用するための構造及び設備を有していること
②居住環境等への配慮を行っていること
③一定以上の住戸面積を有していること
④維持保全の期間、方法を定めていること
⑤自然災害への配慮を行っていること

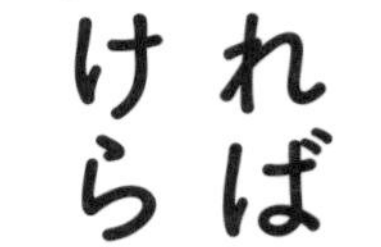

長期優良住宅のメリット

長期優良住宅の認定基準をクリアにすることで、次のようなメリットがあります。

メリット①補助金を受け取れる
住宅1戸に対して、住宅の性能向上のリフォーム、または子育て世帯向け改修等に対する補助金を最大200万円受け取れます（受付期間など条件があります）。

メリット②住宅ローンの金利を引き下げられる
フラット35S（金利Aプラン）を適用すると、当初10年間・年 -0.25% で設定されている住宅ローンの金利を引き下げられます（申込期限があります）。

メリット③住宅ローン控除の特例を受けられる（106ページ参照）
最大で借入限度額の4500万円に対して住宅ローン控除が適用されます。

メリット④税引き下げの特例を受けられる（それぞれ適用条件があります）

・所有権保存登記（登録免許税・令和8年3月31日までに取得した者が対象）
一般住宅の税率は0・15％ですが、長期優良住宅では0・1％に税率が引き下げられます。
・所有権移転登記（登録免許税・令和8年3月31日までに取得した者が対象）
一般住宅の税率は0・3％ですが、長期優良住宅では0・2％（マンションの場合は0・1％）に引き下げられます。
・不動産取得税
一般住宅の課税標準からの控除額は1200万円ですが、長期優良住宅では1300万円になります。
・固定資産税
新築戸建ての場合、一般住宅だと3年間（110ページ）固定資産税が半額になりますが、長期優良住宅では半額の期間が5年間になります。「3階建て以上の耐火構造の一般住宅」の長期優良住宅では、半額の期間が7年間になります。

メリット⑤地震保険料の割引

建物の免震・耐震性能に応じて、最大50％の地震保険の割引を受けられます（140ページ）。

国土交通省のサイトを確認する

後ほど紹介する国土交通省サイトの「住宅・建築」の「施策一覧」（118ページ）には、長期優良住宅のページもあります。次の箇所を確認しましょう。

◎最新情報

長期優良住宅に関する最新情報を確認できます。

◎制度の概要

新築版、増築・改築版、既存版、新築戸建（木造軸組版）、分譲マンション版のパンフレットから該当するものを確認してください。

◎長期優良住宅の認定を受けるには

「認定基準」と「認定の取得に対する支援」を確認して、購入する住宅が長期優良住宅の認定基準に適合するか、税の特例措置、新築時の補助金、増築・改築時の補助金、住宅ローンの金利引き下げなどについて調べてみてください。

国土交通省のサイトで不動産の情報について調べる

国土交通省のサイトには最新情報がまとめられている

国土交通省のサイトの「住宅・建築」というページでは、住宅購入に関する最新かつ正確な情報を確認できます。特に確認すべきポイントは次の通りです。

◎アクセスの多いキーワード

住宅購入と関連して、よく見られているページが公表されています。

たとえば、「住宅ローン減税」のページには、住宅に関する最新の税制改正、住宅取得支援策について、各税制の概要、過去の住宅税制に関する改正の概要がまとめられています。

◎重要なお知らせ

住宅や建築に関する重要な情報がまとめられています。新しい情報には「ＮＥＷ」と表示されているため、関連の高そうな情報ははじめに確認してみましょう。

「施策一覧」で確認するべきポイント

「住宅・建築」のページでは、「施策一覧」の部分も確認した方が良いでしょう。
特に、住宅購入と関連の高い施策は次の通りです。

◎住宅・建築物の融資制度

「住宅金融支援機構事業」のサイトにリンクしています。「個人向け住宅向けのフラット35（101ページ）等の最新かつ正確な情報が得られます。

◎住宅の品質確保

法律の最新情報、住宅性能表示制度の概要を確認してください。

また、**「新築住宅の住宅性能表示制度・かんたんガイド」もチェックしましょう。**耐震等級・耐風等級・耐積雪等級の違いによってどれほどの地震・暴風・積雪に耐えられるのか、わかりやすくまとまっています。

その他には、劣化対策等級、維持管理対策等級、断熱等性能等級、一次エネルギー消費量等級、2050年カーボンニュートラル、脱炭素社会の実現、ホルムアルデヒド対策、高齢者等配慮対策等級、開口部の侵入防止対策あたりを確認しておくと良いでしょう。

マンションの場合、さらに重量床衝撃音対策、軽量床衝撃音対策、透過損失等級（界壁・外壁開口部）を確認してみてください。

◎住宅・建築物の省エネ対策

建築物省エネ法についてまとめられています。「建築物省エネ法とは」「家選びの基準変わります（マンガ）」「ZEH、LCCM住宅関連事業」の3つを確認してください。

・「建築物省エネ法とは」

地球温暖化等の対策のために制定された省エネ法について、まとめられています。

・「家選びの基準変わります（マンガ）」

マンガでとてもわかりやすく、省エネ住宅について学ぶことができます。省エネ住宅で節約できる年間の光熱費、従来の住宅と省エネ住宅とでどれほど借入金額に差が出るか、住宅の断熱化と居住者の健康への影響、自治体等の独自の補助金など知っておきたい情報が詰まっているので、一度目を通しておくことをオススメします。

・「ZEH、LCCM住宅関連事業」

ZEHはゼロ・エネルギー住宅のことで、建物の材料・設備・太陽光発電などを通してエネルギーを効率良く活用します。年間のエネルギー消費量でゼロを目指す住宅です。

LCCMとはライフ・サイクル・カーボン・マイナスのことで、CO2の削減に取り組んで、CO2の収支をマイナスにする住宅です。

リンクしている「ご注文は省エネ住宅ですか?」というマンガでは、これらについてわかりやすく紹介されているので、目を通しておきましょう。

◎住宅セーフティネット

セーフティネット登録住宅は、住宅確保要配慮者（低額所得者、被災者、高齢者、障害者、子育て世帯など）の入居を拒まない賃貸住宅のこと。住宅セーフティネット制度は2017年10月にスタートしました。

制度の概要は、ページの下の方にある「入居者向けパンフレット」にわかりやすく紹介されているので、確認してみましょう。

セーフティネット登録住宅を探す場合は、ページ上部に「セーフティネット住宅情報提供システム」のリンクがあるので、このサイトを活用して物件を探してみてください。

◎住宅の瑕疵担保対策
ページ下部にリンクしている2つのパンフレットに目を通し、知識をつけてください。
それ以上の詳細は「住宅消費者の方向け情報」のページを確認すると良いでしょう。
・「住宅の新しい保険をごぞんじですか？」
紛争処理制度、住宅瑕疵担保責任保険の概要、どんな瑕疵であれば保険金を受け取れるのか、国土交通省が指定した住宅瑕疵担保責任保険法人はどこかなどがまとめられています。
・「まんがでわかる住宅かし担保履行法」
住宅瑕疵担保責任保険に関するチェックシート、住宅瑕疵担保責任保険の概要、住宅瑕疵担保責任保険のQ＆A、住宅瑕疵担保責任保険法人の一覧、指定住宅紛争処理機関の一覧などがまとめられております。

◎空家等対策
空き家の活用に困っている方は、リンクしている「年々増え続ける空き家！ 空き家にしないためのポイントは？」を確認してみてください。空き家の現状、空き家のデメリット、空き家を放置しないための方法、空き家バンクの登録方法、空き家のリフォームや建物解体の支援制度、空き家に関する税制特例についてまとめられています。

◎住宅リフォームの支援制度

国と地方公共団体の住宅リフォームの支援事業がまとめられています。

「住宅リフォーム支援制度検索サイト」を活用することで、日本全国の住宅リフォームに関する補助制度を調べられます。

◎高齢者向け住宅

国土交通省、厚生労働省の連携による、サービス付き高齢者向け住宅の登録制度が、高齢者の居住の安定確保に関する法律の改正により、平成23年10月に創設されました。このページには、**「高齢者の居住の安定確保に関する法律」と「高齢者、障害者、子育て世帯等の多様な世帯が安心して、健康に暮らすことができる住環境(スマートウェルネス住宅)」についてまとめられています。**

◎住宅・建築物の耐震化

今後の大地震に備えて、昭和56年以前に建築された建物の耐震診断・耐震改修が求められています。耐震診断が義務付けられている建物もありますので、中古住宅を購入予定、またはすでに住宅に住んでいる人は、こちらのページの内容を確認しましょう。

◎マンション政策
マンションの管理を行う予定の人、または管理を行っている人は、マンション政策の新着情報、法改正について、施策・事業等、マンション管理適正化シンポジウムあたりを確認すると良いでしょう。

◎民間賃貸住宅
マイホーム購入ではなく、賃貸住宅を希望する人や賃貸住宅に住んでいる人はこのページもチェックしておくことをオススメします。「民間賃貸住宅の入居・退去に関する留意点等」のところにある次の3点を確認しておきましょう。
・「原状回復をめぐるトラブルとガイドライン」について
民間賃貸住宅におけるトラブルのQ＆A・参考資料・ガイドラインがまとめられています。
・「民間賃貸住宅の賃貸借関係をめぐるトラブルの未然防止に関する解説映像」
原状回復をめぐるトラブルとガイドライン（原状回復の費用負担の基本的な考え方、役立つ判例など）について動画で確認することができます。
・「民間賃貸住宅の賃貸借関係をめぐるトラブルを抱えている借家人や家主のみなさまへ」
裁判外紛争解決手続（ＡＤＲ）についてまとめられています。

◎安心R住宅

２０１７年12月1日より、国土交通省によって「安心R住宅」制度が施行されました。

中古住宅の購入を検討している人はリンクしている次の3点を確認しましょう。

・「まんがでわかる！安心R住宅」

安心R住宅のメリットや特徴、要件などについてまとめられています。

・「これでわかる！安心R住宅調査報告書」

安心R住宅の具体的な特徴、安心R住宅調査報告書の内容や見方、安心R住宅調査報告書の解説とチェックポイント、用語解説についてまとめられています。

・「既存（中古）住宅選びの「不安」を「安心」に」

安心R住宅の仕組み・メリット、安心R住宅に登録をしている事業者の探し方についてまとめられています。

⑤ 住宅履歴情報をまとめて保管しておく

住宅履歴情報を活用する4つのメリット

住宅履歴情報とは、新築時の建物図面、リフォーム記録、点検や修繕などの情報です。
住宅履歴情報をまとめて管理しておくことで、次の4つの場面でメリットがあります。

メリット①維持管理に役立つ

建物図面情報、住宅の点検情報、リフォーム情報などをまとめておくと、的確かつ効率よく維持管理が可能です。

メリット②住宅トラブルの解消に繋がる

何らかの住宅トラブルが発生したときに、建物図面、点検、修繕などの情報があることで、的確かつ効率良く解消できる可能性が高くなります。

メリット③リフォームなどの工事に役立つ

リフォーム工事や耐震工事などを行う際に、建物図面などがあることで的確かつ効率良く工事を進めることができます。

メリット④売却時に高く売れる

住宅を売るときに建物図面の管理や維持管理がしっかりとされていると、資産価値がきちんと評価されて、高く、効率良く売れる可能性が高くなります。

第7章

災害の多い日本では必須の保険加入

1 火災保険と地震保険を契約するときのポイント

火災保険・地震保険とは

住宅購入において火災保険と地震保険は重要な保険です。

火災保険は建物だけでなく、建物内の家財に規定の損害を受けた際にその損害を補償する保険です。

規定の損害は火災保険の内容によって違いますが、火災、水災、風災、落雷、破裂・爆発、建物の外部からの建物の衝突等、水濡れ、騒擾（集団によって平穏が害されること）、労働争議、盗難、不測かつ突発的な事故などが挙げられます。

火災保険に加入しておけば、火災などが起きてしまった場合に被った損害をカバーできるケースが多いため（すべてのケースをカバーできる訳ではありません）、安心に生活するためにも、住宅購入時に加入しておくことをおすすめします。

地震保険は単独で契約するものではなく、火災保険とセットで契約できます。地震が多い日本では、火災保険だけではなく、地震保険の加入は必須と言えるでしょう。

地震保険では地震はもちろんですが、噴火や地震が原因となった津波、火災、損壊、埋設、流失による損害も補償対象となります。

ただし、保険の対象が建物だけの場合、家財の損害については保険対象となりませんので、注意してください。

火災保険・地震保険の選び方4ステップ

火災保険と地震保険の選び方について、4つのステップに沿って紹介していきます。

ステップ1：補償対象の物件を決める

住宅購入の際の地震保険は政府の再保険という制度が適用され、保険料や割引率などが一律です。しかし、火災保険は保険会社によって補償内容や補償金額が異なります。

新築戸建て、中古戸建て、新築マンション、中古マンションなど購入する物件の種類によって、どの保険にすれば良いかが変わりますので、まずは補償対象の物件を決めましょ

う。

たとえば、ソニー損保では補償内容を自由に組み立てられます。台風の影響を受けやすいエリアの戸建てであれば風災の補償をつけた方が良いですが、台風の影響を受けにくいエリアのマンションであれば風災の補償は特に必要ありません。

余計な補償を外すことができれば、節約につながります。

また、保険会社によってはオール電化住宅割引やホームセキュリティ割引など独自の割引を提供しているため、物件の種類に合わせて保険会社を選ぶことで保険金額を安く抑えられる可能性があります。

ステップ2：補償内容を決める

物件が決まったら、次は補償内容を決めます。補償内容は大きく3つに分かれます。
①建物と家財の両方
②建物のみ
③家財のみ

おすすめは「①建物と家財の両方」ですが、保険の費用を抑えたい場合は、最低でも「②建物のみ」の保険には加入しておきましょう。

たとえば、火災によって家が燃えてしまった、台風で屋根が飛んでしまった、床下浸水で床が水びたしになった、天井から水濡れが発生した、家具を運んでいたら窓ガラスに接触してしまい窓ガラスが割れてしまった、などのケースで建物の保険が適用されます。

家財保険をあまり重視しない人もいますが、家財保険に加入しておくことで、家具だけでなくテレビ、冷蔵庫、洗濯機などの家電や衣服なども補償の対象になります。

たとえば、家財が燃えた、台風の強風により物が飛んできて窓ガラスが割れた、床下浸水によって家財が使い物にならなくなった、泥棒に入られて荒らされてあらゆる物が壊れた、テレビを持ち上げて移動させようとしたら落としてしまった、などさまざまなケースで保険が適用されます。

ステップ3：損害保険会社を比較する

令和5年4月13日時点で、金融庁の免許を取得しており、正式に損害保険を提供している損害保険会社は55社あります。

この中からベストの損害保険会社を見つける必要があります。

前述した通り、**地震保険は国と民間企業が連携をしている保険のため、保険料や割引制度はどの会社でも変わりはありません。そのため、火災保険の内容を比較しましょう。**

火災保険の内容を比較するためには、不動産屋の営業担当者に相談して複数の火災保険を提案してもらったり、火災保険の比較サイトで資料請求して比較したりしましょう。場合によっては、保険会社へ直接電話をして情報を確認すると良いでしょう。

ステップ４：相見積もりを取る

１社だけではなく、最低３社から見積もりをとりましょう。保険料だけでなく、補償内容、特約内容なども細かく確認します。

以上の４つのステップを踏めば問題ありませんので、その後は契約を進めましょう。

②保険金額や補償内容を設定するときのポイント

建て直しができるかどうか

火災保険の金額は建物構造、築年数、延べ床面積、物件所在地、補償内容など総合的にみて決めます。

保険金額を設定するときのポイントは、地震や津波などで被災して、建物が全損と判断された場合に建て直しができるぐらいの保険金が受け取れるかどうかです。火災保険の契約をする前に確認をしておいた方が良いでしょう。

保険の内容によっては、建築費の高騰などで加入後に受け取れる保険金額が変動する可能性もあります。数年に一度の定期的な見直しをオススメします。

オススメの特約

火災保険の補償内容の設定をする際には、どのような特約を付加するかが大きなポイントとなります。ここでは、オススメの特約を紹介します。

◎類焼損害特約

自身が住んでいる家から、隣の家などに、何らかの理由で火が燃え移ってしまった場合に補償される特約です。

隣の家に火が燃え移っても法律上の責任はないのだから類焼損害特約は不要だという意見もあります。しかし、**たとえば寝タバコにより火事が発生して燃え移ってしまった場合など、重大な過失とみられるケースでは損害賠償責任を負う可能性があります。**また、法的な責任がなかったとしても、隣の家が火災保険に加入していなかった場合などトラブルに発展してしまうこともありますので、この特約をつけておくことをオススメします。

◎弁護士費用特約

日常生活や自動車で事故などが起きてしまい、弁護士に依頼して損害賠償請求などを行う際に活用できる特約です。

弁護士に相談する際にかかる費用をカバーしてくれる法律相談費用保険金や弁護士へ依頼して交渉をしてもらうための費用をカバーしてくれる弁護士費用等保険金を受け取れるため、おすすめです。

ただし、弁護士費用特約は自動車保険や傷害保険などと重複することも多いため、ご注意ください。

◎地震危険等上乗せ特約

一定の条件を満たすことで、地震による建物の損害（火災、倒壊、津波）を全額補償する特約です。よく地震が起きる地域、津波がくる可能性の高い地域、地盤が緩い土地などに該当する場合は地震危険等上乗せ特約をつけておくと良いでしょう。

◎個人賠償責任補償特約

日常生活で事故が起こったり、怪我をさせてしまったりした際に保険金が支払われる特約です。自転車に乗っている際に人と衝突をして怪我をさせてしまった、水漏れでマンションの真下に住んでいる方の洗濯機を壊してしまった、ペットが人に噛みついて怪我をさせてしまった、などさまざまなトラブルに対応しています。

こちらも弁護士費用特約と同様、他の保険と重複することが多いため、ご注意ください。

◎電気的・機械的事故補償特約

建物に付属している設備や機械の過電流などによる電気的事故、機械の損傷などの機械的事故が保険の対象となる特約です。

対象となる設備は、太陽光発電、オーブンレンジ、浴室乾燥機、給湯器などです。劣化等による損害に対しては保険金が支払われないため、ご注意ください。

保険金額は補償内容や補償範囲によって変わるため、納得がいくまで見積もりをつくり直してもらいましょう。

火災保険や地震保険の割引制度を使って費用を抑える

火災保険の割引制度を活用する

火災保険の費用を抑えるためには、割引制度を上手に活用しましょう。
たとえば、次のような割引があります。

◎新築戸建ての割引

新築戸建てを購入することで、火災保険が割引になります。火災保険の始期日が建物の新築年月日から1年以内の場合に適用できます。

◎建物の築浅割引

築浅（築年数が浅い）中古戸建てや誰も住んだことのない未使用戸建てなどを購入する場合に、割引を受けられます。

◎オール電化割引

オール電化の住宅に適用される割引です。

◎耐火性能割引

建物の耐火性能があると認められる場合に割引が適用となります。

耐火性能と認められるには、建築基準法と、住宅金融支援機構が定める基準に適合する必要があります。

耐火性能と認められる省令準耐火構造の住宅の特徴は次の通りです。

①外部からの延焼防止
隣家などから火が燃え移らないようにする。
②各室防火
避難経路を確保する。初期消火などのために防火区画化をする。壁や天井に火に強い建材を使用する。
③他室への延焼遅延
住宅全体に火が広がりづらくするために断熱材のファイヤーストップ材などを設けます。

◎Web申込割引

専用のWebサイトから火災保険に申し込みをすることで割引が適用されます。

割引率はおおよそ5～10％で保険によって異なるので、比較しましょう。

◎ホームセキュリティ割引

セコムが提供しているホームセキュリティと契約することで、火災保険料が最大41％割引になります。基本的には火災・盗難を常時監視できる機械設備を導入することが条件ですが、「火災の監視のみ有効」「盗難の監視のみ有効」とプランを分けることもできます。

セコムが「令和2年の刑法犯に関する統計資料」をもとに分析した結果、泥棒は誰も家にいないときだけでなく、人がいる時間帯や就寝している時間を狙って家に入るケースが約3割もあることがわかりました。ホームセキュリティは安心材料の1つになるでしょう。

物件の内容や支払い方法などによって異なりますが、今まで紹介してきた火災保険の割引率はおおよそ7～10％です。

ただし、会社によって割引率が異なるケースもあります。大手以外も含めて割引率を比較して、どこの保険会社の火災保険が安いかを調べましょう。

地震保険の割引制度を活用する

地震保険も次のような条件で割引があります。

ただし、**これらの割引は重複して適用できないため、割引率が最も高いどれか1つのみ適用することとなります。**

◎建築年割引で10％の割引
購入物件が、1981年（昭和56年）6月1日以降に新築された建物の場合、地震保険料が10％割引されます。

◎耐震診断割引で10％の割引
対象物件が、自治体等による耐震診断または耐震改修の結果、建築基準法改正（1981年（昭和56年）6月1日施行）における耐震基準を満たす場合、地震保険料が最大10％割引されます。

◎免震建築物割引で50％の割引

購入物件が「住宅の品質確保の促進等に関する法律」に基づく「免震建築物」である場合は地震保険料が50％割引されます。

◎耐震等級割引で最大50％の割引

購入物件が日本住宅性能表示基準に定められた耐震等級（構造躯体の倒壊等防止）または国土交通省の定める「耐震診断による耐震等級（構造躯体の倒壊等防止）の評価指針」に定められた耐震等級を有している場合に割引されます。

耐震等級による割引率の違いは次の通りです。

- 耐震等級3　50％
- 耐震等級2　30％
- 耐震等級1　10％

- 地震保険料控除を活用する

地震保険料控除とは、支払った地震保険の金額に応じて所得税・住民税が控除される制度のことです。

地震保険控除額

	年間の保険料の合計	控除額
所得税	5万円以下	支払い金額すべて
	5万円超	一律5万円
住民税	5万円以下	支払い金額× 1/2
	5万円超	一律2万5千円

所得税の年間の控除限度額は5万円、住民税の年間の控除限度額は2万5千円です。詳しくは上の図を確認してください。

所得により軽減される額は変わりますが、おおよそ数千円程度の軽減に繋がります。

④ 補償内容について具体的なイメージを持っておく

修復できるのは原状復帰レベル

実際に地震や津波などの被害を受けて火災保険や地震保険を活用すると、どのような補償を受けられるかを事前にイメージしておきましょう。

火災保険や地震保険で修復できる内容は原状復帰レベルのもので、リフォームやリノベーションのように付加価値をつけて修復できる内容ではありません。

保険の内容によりますが、補償されるものは建物と家財です。火災、水災、風災などによって破損した建物や家財の修繕のために保険を活用できます。

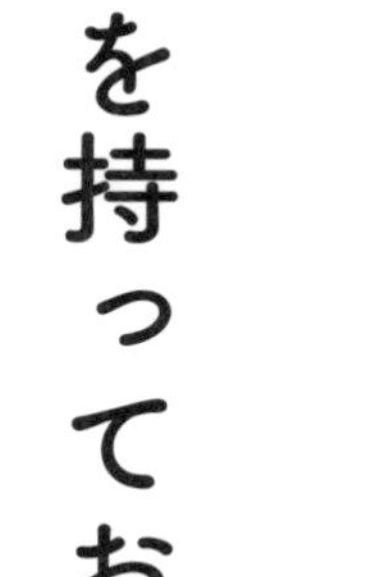

地震保険では、地震が原因で受けた損害の箇所の修繕のために保険を活用できます。
ただし、居住用以外の建物や工場、1個または1組の価額が30万円を超える貴金属・宝

石・骨とう、通貨、有価証券（小切手、株券、商品券等）、預貯金証書、印紙、切手、自動車等は保険の対象外となります。

悪質な修理詐欺に気をつける

気をつけてほしいのが、悪徳業者による火災保険を活用した住宅の修理詐欺です。

突然知らない会社から飛び込み営業や電話営業などの方法で建物点検や火災保険を使った修理の提案があった場合には注意してください。

悪徳会社から多額の請求をされるかもしれませんし、内容によっては保険金詐欺に該当する可能性があります。必ず、契約をしている保険会社に相談しましょう。

第8章

維持費用を少しでも減らすための節約術

①

マイホームの購入前に維持費用を把握しておく

マンションの場合は修繕積立金の滞納に注意する

マイホームを購入する際に重要なのが、購入した後の維持費用です。どのような維持費用がかかるのか、147ページ図を参考にマイホーム購入前に把握しておきましょう。

マンションの場合、大規模修繕の実施時に「修繕積立の一時負担金」を請求される可能性があります。必ず請求されるものではなく、マンションの住民から徴収している修繕積立金でカバーができれば、修繕積立の一時負担金はかかりません。

マンションの購入前は必ず大規模修繕計画を確認して、マンション全体で修繕積立金などの滞納がないかを確認しましょう。

また、新築マンションや築年数の浅いマンションを購入する場合は、修繕積立金が低く設定されており、後々に値上げされる可能性もあります。どれぐらいまで値上げされる可能性があるか、確認することが重要です。

マイホーム購入後の維持費用

	支払い・修繕・交換ペース	かかる費用
固定資産税 都市計画税	毎年	数万円～30万円
火災保険 地震保険 家財保険	毎年	2万～3万円
外壁塗装	10～20年に一度	約80万～200万円
屋根塗装	10～20年に一度	約80万～150万円
キッチン	10～20年に一度	約50万～150万円
トイレ	15～25年に一度	約20万～50万円
洗面所	15～25年に一度	約20万～50万円
お風呂	20～30年に一度	約50万～150万円
給湯器	10～15年に一度	約7万～15万円
フローリング	20～30年に一度	約80万～150万円 (すべて交換した場合)
壁紙	10～20年に一度	約40万～80万円 (2階建て住宅の場合)
修繕費 管理費	毎月	約1万～4万円 (マンションの場合)

※参考値であり、修繕方法などによって異なります

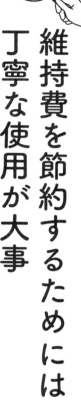

② 維持費を節約するためには丁寧な使用が大事

住宅の使い方で維持費用は大きく変わる

私は今までに何千件と住宅を見てきましたが、築30年以上経っている住宅であっても水回りなどがとても綺麗で、一度も故障したことがない住宅は複数ありました。反対に、築10年の住宅でも、設備などを雑に使用している場合、すでに故障していることもあります。

日頃から丁寧に設備を使用していたり、掃除をしたりすることで故障を防ぐことができますし、維持費用の節約に繋がります。次の点に気をつけて使用しましょう。

◎屋根・外壁
屋根や外壁の塗装費用は場所も関わってきます。海風に当たりやすい場所や台風の影響を受けやすい場所だと劣化しやすいため、どうしても塗装の回数は増えてしまいます。
ただ、どのような場所にある家だとしても、3~5年に一度の定期的な点検を行うことで、雨漏りやカビの発生などを防ぎ、塗装費用を節約できます。
また、塗装をする際は屋根と外壁で同時に行うと、コストを削減できるでしょう。

◎キッチン、洗面所、トイレ、お風呂

設備を丁寧に使用するために、水回りのルールを決める、毎日かかさず水回りを掃除するなどして対策をしましょう。メーカー保証も、延長手続きできるものは必ず手続きをします。

◎壁紙

年に一度でも水拭きしたり、洗剤を吹き付けて掃除をしたりすることで、壁紙の修繕・交換を遅らせることができます。

◎給湯器

定期的に給湯器から「水漏れがないか」「ガス漏れしていないか」「異常音が鳴っていないか」などの確認をしてください。また、給湯器本体の掃除、給湯器の水抜き栓の掃除、浴槽フィルターの掃除などのメンテナンスをすることをおすすめします。

◎フローリング

なるべく床を汚さない、太陽の直射日光を防ぐなどの方法で、修繕・張替えをする頻度を下げられます。

床を汚さないためには、フローリングの上に物を落としたり、ジュースをこぼしてしまったりしても問題ないように、フロアタイルやマットなどを敷くと良いでしょう。

どうしても直射日光があたり続けてしまう箇所がある場合は、フローリングのコーディングや窓にＵＶカットのフィルムを貼るなどの対策をしましょう。

◎建具（窓やドア）

室内のドアに関しては、交換するときに同じ商品がないことが多く、出費がかさみます。傷がついてもよいようにシートを貼って、日頃から丁寧に使用することが大切です。

③ 固定資産税と住宅ローンを減らす方法

固定資産税を減らす2つのパターン

固定資産税を減税するには、主に2つの方法があります。

1つ目は、**既存の住宅に対して、耐震・省エネ・バリアフリー・長期優良住宅などのリフォームをすることで、工事の翌年の固定資産税を減税する方法**です。

2つ目は、**認定長期優良住宅を購入する方法**です。新築から1～5年目までの間、固定資産税が2分の1に減額されます。

中高層耐火建築物の場合、新築から1～7年目まで固定資産税が2分の1に減額されます。

ただし、これらの方法には一定の条件や適用期限があります。制度の活用を考えている方は、税理士に相談してみてください。

住宅ローンの繰り上げ返済

住宅ローンの元金・利息支払いを節約するためには、繰り上げ返済という方法があります。**繰り上げ返済とは、住宅ローンの毎月の返済額とは別に、借入金額の一部または全部を返済すること。**

繰り上げ返済で借入金額の一部を返済したあとは、次のように返済額軽減型と期間短縮型の2つの返済方法があり、どちらかを選択します。

◎返済額軽減型

返済期間は変わりませんが、毎月の返済額を減らすことができる返済方法です。

お子様の子育てでお金がかかる、仕事を転職して年収が下がってしまったなど生活が圧迫している場合は返済額軽減型を選択しましょう。

◎期間短縮型

毎月の返済額は変わりませんが、返済期間を短くできる返済方法です。老後のことなどを考慮して早めに住宅ローンを返済したい人は、期間短縮型を選択しましょう。

住宅ローンの借り換え

住宅ローンの借り換えとは、現在利用している住宅ローンから新しい住宅ローンに組みなおすことです。

住宅ローンの借り換えには50万円～100万円の諸費用がかかります。しかし、2006～2010年あたりの金利の高い時期に住宅ローンを借りている人、住宅ローンを借り入れた時には借金があったが今は返済して属性がよくなった人など、借り換えた方がお得な人もいるでしょう。

もし、返済期間が長く（目安として20年以上の返済期間）、金利差が0・5％以上ある場合は、借り換えをした方が住宅ローンを大幅に節約できる可能性が高くなります（借入金額等の条件によって異なります）。

また、借り換えをする際は団体信用生命保険も確認しましょう。内容は常に改善されているため、どのような状況になった場合に住宅ローンの返済が免除されるのか、担当者の口頭ではなく商品パンフレットと約款で確認することが重要です。

自身で住宅ローンの借り換えのシミュレーションをしたい場合は、三井住友銀行の借り換えシミュレーションを試してみてください。

④ 修繕積立金が適正かどうかを把握する

ガイドラインで修繕積立金の平均値を確認する

マンションの管理費・修繕積立金を個人で減らすのは難しく、マンション全体（管理組合、管理会社など）で対策する必要があります。外壁塗装・給排水管工事など規模の大きい修繕工事の内容や工事の依頼先の選定などを見直す必要があるので、大幅な減額は簡単ではありません。

個人にできる対策があるとすれば、マンションを購入する前に修繕積立金が適正または安いかどうかを把握することです。
費用が適正かどうかを調べるために、国土交通省が定期的に調査をしてネットで公表している「マンションの修繕積立金に関するガイドライン」を確認してみましょう。

修繕積立金の平均値

地上階数・建築延床面積		平均値
20階未満	5000㎡未満	335円／㎡・月
	5000㎡以上10000㎡未満	252円／㎡・月
	10000㎡以上20000㎡未満	271円／㎡・月
	20000㎡以上	255円／㎡・月
20階以上		338円／㎡・月

令和5年4月の調査内容では、上記のような修繕積立金の平均値となっています。

マンションを購入する前に修繕積立金が平均値よりも低いかどうかを目安にして、確認してみましょう。

また、金額の他に、大規模修繕計画に対して十分なマンション全体の修繕積立金が積み立てられているか、マンション全体の修繕積立金の滞納がないかどうかも把握してください。

マンションを購入する場合は、自動的に修繕積立金を払う必要があります。

戸建てを購入した場合は、毎月の修繕積立金がありませんが、修繕の費用はかかります。そのため、戸建てでも計画的に毎月修繕費を積み立てることをオススメします

建物の設計によっても維持費は変わる

設計依頼先を選ぶときの基準

建物の設計をどのように行うかによっても、維持費は変わります。設計先の会社を選ぶときは、次の2点に注目しましょう。

①設計士が建物の重量や構造計算などを理解している。大地震がきた際にどの箇所が地震に強いか弱いかを説明できる。
②建物の耐震等級だけでなく、地盤補強も含めて大地震に耐えられるのかを設計士が説明できる。

私は、**建築設計の経験が豊富な1級建築士が在籍するハウスメーカーまたは工務店に相談をしています。**

2級建築士よりも1級建築士をおすすめする理由は、設計できる建築の幅、知識量、役所への建築に関する許可申請などが異なるからです。1級建築士であれば、一筆サインをすれば役所から建築の許可を得られるケースもあります。

大手だから安心とは限らない

マイホームを建築する場合、ハウスメーカー、工務店、設計事務所や担当者の選び方も非常に重要です。大手だから安心というわけではありません。

大手の場合、保証は手厚いですが、建築材料で質の高いものを活用しているケースが多く、建築費が高くなりがちです。

また、建築費の中に、修繕費や宣伝広告費が組み込まれているケースもあります。

反対に建築費が安すぎるハウスメーカー、工務店、設計事務所も注意が必要です。
・追加工事により、はじめに提示された金額よりも高くなった。
・金額は安かったが、建築後に倒産してアフターサービスが受けられなくなった。
・職人のレベルが低く雑な工事をされて後悔した。

など、さまざまな問題が起こる可能性があります。

建築費は高すぎても安すぎても、どちらにも注意すべき点があります。

ずさんな設計や工事をする会社も一定数存在するため、施工実績、お客様の声、担当者との相性、得意な設計、腕のいい職人に対応いただけるかなどを確認します。

そして、必ず複数社から見積もりを取った上で、会社を選定しましょう。

材料を選ぶときに注目するべきポイント

材料の選び方によっても維持費用は変わる

建物の維持費用は、耐久性の高い材料を選ぶことで抑えることができます。

材料について、それぞれ次のような点に注目してみてください。

◎躯体部分（基礎、壁、柱、土台など）

躯体部分とは、建物を形作っている骨組みのことです。地震や台風などで被災した際に、最も重要になる部分です。

木造、RC造、鉄骨造、鉄骨鉄筋コンクリート造などの構造によって材料は異なります。木造よりもRC造の方が性能は高い分、コストがかなり上がります。木造の建物が1坪あたり50万円前後なのに対して、RC造の建物は1坪あたり80万円前後です。

耐震等級3かつ長期優良住宅の基準を満たしているのであれば、木造住宅がおすすめで

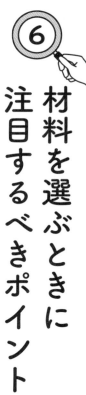

す。先述の通り、木造の方がＲＣ造などに比べてコストを安く抑えられるからです。材料を決める際は、耐震等級（１～３）がいくつか、震度７のような大地震がきても倒壊リスクはないのか、という部分を重点的に確認しましょう。

ちなみに震度と揺れのイメージについては、気象庁サイトの「震度とゆれの状況」をぜひ参考にしてみてください。

◎断熱材（繊維系）

断熱材とは、寒さや暑さを防ぐために建物の壁、天井、床に入れる材料です。

断熱材では、グラスウールやロックウールという材料が有名です。施工のしやすさや、不燃性などの理由からよく活用されています。

ただし、保水性など高いことで断熱性能が低下しやすく、通気性があることで断熱材の性能低下に繋がりやすいという欠点もあります。

これらの欠点も、工務店などの施工レベルが高ければ問題ありません。施工のレベルが高いかどうかは、ネットや営業資料で過去の施工実績・お客様の声を調べましょう。

また、**第三者の目線で住宅診断をしてもらって施工のレベルを確認するという方法もあります。**たとえば、株式会社さくら事務所は、６万４千組以上の住宅診断の実績があり、有名なドラマ「正直不動産」の監修も行っています。実績豊富かつ期限なしのアフターフォローを行っている信頼できる企業なので、施工のレベルを第三者目線で診断してほしい人にはおすすめです（私の経営する株式会社サプライズコンシェルジュとは特に関係はありませんので、直接相談をされた場合は自己責任でお願いいたします）。

◎防水工事

防水工事とは、室内などへの漏水を防ぐために屋根、外壁、バルコニー、ベランダなどに施す重要な工事です。

次のように部位によって適した工事方法があるため、どのような工事を行うのか、営業担当者または工事担当者に確認しましょう。

・アスファルト防水工事

主に建物面積の広い、ビルやマンションの屋上や屋根の防水加工を施す際の工事の方法です。

・ウレタン防水工事

建物面積の広い建物でも行われますが、建物面積の狭い建物の屋上やベランダなどにも行われる工事の方法です。

◎シーリング工事

シーリングとは気密性を高めたり、水が漏れたりしないようにするために目地や隙間を埋めることです。**外壁材にもよりますが、シリコンのコーキング剤が耐水性や耐熱性に優れており、費用対効果が高いです。**

その他、部位によっても適したシーリング剤の種類が異なりますので、どのような種類のシーリング剤を使うかを営業担当者または工事担当者に確認しましょう。

◎仕上げ部分（屋根、外壁、内装）

屋根材はスレート屋根（カラーベスト・コロニアル）・瓦屋根（粘土、陶器、いぶしなど）・金属屋根（ガルバリウム鋼板など）とさまざまです。

それぞれ、初期費用・耐用年数・塗装の頻度・保証年数・保証内容が異なりますので、比較した上で屋根材を決めましょう（163ページ上図を参照）。

外壁材もサイディング・モルタル・ALCなどさまざまです。

屋根材と同じく、初期費用・耐用年数・塗装の頻度・保証年数・保証内容が違いますので、比較した上で素材を決めましょう（163ページ下図を参照）。

屋根材の費用・保証などの比較

	スレート屋根（カラーベスト・コロニアル）	瓦屋根（粘土、陶器、いぶしなど）	金属屋根（ガルバリウム鋼板など）
初期費用（1㎡あたり）	約 6,000 円 /㎡	約 9,000 円 /㎡	約 11,000 円 /㎡
耐用年数	約 20 年	約 40 年	約 30 年
塗装の頻度	10 ～ 15 年に一度	20 ～ 25 年に一度	10 年～ 15 年に一度
保証年数	数年～ 10 年	数年～ 10 年	数年～ 10 年
保証内容	不具合のある箇所の部分補修、不具合の箇所の材料の支給など	不具合のある箇所の部分補修、不具合の箇所の材料の支給など	不具合のある箇所の部分補修、不具合の箇所の材料の支給など

※メーカーや工事内容によっては保証がない場合もあります
※屋根すべての吹き替えを保証してもらえるわけではありません
※施工費用は施主の負担であるケースが多いです

外壁材の費用・保証などの比較

	サイディング	モルタル	ALC
初期費用（1㎡あたり）	約 4,000 円 /㎡	約 5,000 円 /㎡	約 6,000 円 /㎡
耐用年数	約 20 年～ 40 年	約 30 年	約 50 ～ 60 年
塗装の頻度	10 ～ 15 年に一度	10 年に一度	10 ～ 15 年に一度
保証年数	数年～数十年	数年～数十年	数年～ 10 年
保証内容	不具合のある箇所の部分補修、不具合の箇所の材料の支給など	不具合のある箇所の部分補修など	不具合のある箇所の部分補修など

※メーカーや工事内容によっては保証がない場合もあります
※外壁全体を保証してもらえるわけではありません

◎建具部分（窓、ドアなど）

建具とは、窓・お部屋のドア・玄関などの開口部に取りつけられているものです。

建具の材質は木材、鉄、アルミなどがあります。

材質も大切ですが、建具の維持費用は設計と施工のレベルや使い方によって大きく左右されます。

設計に関しては、過去の建具の設計の実績を確認したり、モデルルームの見学をしたりして、住宅メーカー・工務店などの比較を徹底的に行いましょう。

施工に関しては第三者のプロのチェックを入れると良いでしょう。

また、日々の使い方に関しては、ドアをゆっくり閉めるなどの生活のルールをつくり、習慣になるまでチェックすることが大切です。

◎電気設備

コンセント・照明・自動火災報知器などを指します。維持費用が高くなるケースは多くありません。

◎機械設備
エアコン・給水設備・給湯設備などを指します。機械設備に関しては、維持費用が多額になるケースが多いです。

特に給湯器、エアコン、換気扇、トイレなどは故障しやすい設備のため、故障がしにくいか、保証期間はどれぐらいか、保証内容は幅広いか、取り付け実績はどれぐらいかなどを調べます。営業担当者やメーカーに直接聞いたり、口コミ情報を確認したりして情報収集しましょう。

ダイノックシートも活用できる

ダイノックシートという印刷化粧フィルムを玄関扉、エントランス、エレベーター、共有廊下の壁や天井などに貼りつける方法でも維持費用を節約できます。

ダイノックシートは耐久性が10年あるので、玄関扉やエレベーターを丸ごと交換するよりも大幅にコストカットできるでしょう。

⑦ 地盤改良工事の費用と撤去費用を把握しておく

地盤改良工事の3つの工法

地盤改良工事とは、地盤が弱い場合に地盤を強化するための工事です。

新築戸建てを建築する場合、建築前にスウェーデン式サウンディング試験などの方法で地盤調査を行います。そして、必要に応じて地盤改良工事を行い、地盤を強化します。

地盤改良工事の工法は主に3つあります。

①表層改良工法（軟弱層が浅いケース）
セメントを使用して地盤を強化する工法です。

費用はおおよそ50万円前後かかります。

②柱状改良工法（軟弱層が中程度のケース）

セメント杭を使用して地盤を強化する工法です。

費用はおおよそ80万円〜160万円かかります。

③鋼管杭工法（軟弱層が深いケース）

鋼杭を使用して、地盤を強化する工法です。

費用はおおよそ80万〜160万円かかります。

地盤改良工事は一度行ってしまえば、大きな地震などの災害がない限り維持費用がかかることは考えにくいです。

ただし、建物の売却などの際にセメント・杭を撤去する場合は、数百万円かかる可能性があります（タイミングや杭の本数などによって変動します）。

第9章

知っておきたい
マイホーム購入の
予備知識

① 持ち家で損をしないために資産価値の高い物件を手に入れる

資産価値の高い家の条件とは

持ち家とは自分で土地と建物を所有している家のことです。持ち家で損をしないためには、可能であれば資産価値の高い物件を手に入れる必要があります。

資産価値の高い物件には、次のようにさまざまな条件があります。すべての条件を満たすことは簡単ではありませんので、1つでも多くの条件を満たす物件を探してみましょう。

◎駅から近い

駅から近い物件は、全国どのエリアであってもポイントが高いでしょう。

いわゆる駅近という言葉に正確な定義はありませんが、私がいままで何百組のお客様から話を伺った経験上、徒歩5分以内であれば駅近という見方が一般的です。多く見積もっても徒歩10分以内です。

歩く速度には個人差がありますが、一般的に表示されている徒歩の時間は、1分あたり80mで計算されます。これをもとに計算をすると、徒歩5分で駅から400m、徒歩10分で駅から800mの距離があることになります。徒歩13分だと1040mで1㎞を超えます。距離で表すと遠さをより実感できるのではないでしょうか。

◎治安が良い

物件周辺の治安を調べるには、まず、検索エンジンやSNSなどで「地域名＋治安」と検索して調べてみます。gooの暮らしデータ（83ページ）でも調べましょう。

さらに詳しく調べる場合、現地へ行き、物件近くを歩いているおばあちゃんやおじいちゃんに声をかけて治安について話を聞くことで、リアルな情報を入手することができます。

他にも、地元で昔から運営している不動産屋へ行き、ヒアリングするのもおすすめです。

◎教育環境が良い

近隣の小学校・中学校の紹介サイトを見て、教育方針や活動内容を確認します。

また、偏差値サイトで学力を調べたり、口コミ情報を参考にしたり、近隣住民や駄菓子屋や何らかの個人店を営んでいる方から情報を収集すると良いでしょう。

◎近くに商業店舗が多い

検索エンジンやグーグルマップ、SNSなどでどのような商業店舗があるのかを調べて生活がしやすいかイメージしましょう。具体的に購入したい物件を見つけたら、実際に対象物件周りの車で走るなどして、直接街並みの雰囲気を感じてみましょう。

◎土地の価格相場が上昇している

株式会社Land Price Japanが運営する「土地価格相場が分かる土地代データ」というサイトを活用して、対象物件付近の土地相場、周辺一体の土地相場、過去30年ほどの地価推移などを確認します。
ここでまとめられている数値は、国が公表している公示価格、各都道府県が公表している基準地価に基づいているため、実際の相場と大きく乖離する可能性は低いです。

◎周辺の人口が増えている

各都道府県が公表している人口動向調査を確認して、人口が増え続けているのか、もしくは人口減少のスピードがどの程度なのかを確認しましょう。

一概には言えませんが、人口が減少していると、不動産の資産価値は下がりやすくなります。人口が減ることで、空き家・空き地・空室が増えてしまうからです。

◎開発に対して積極的

各都道府県と市区町村が公表しているマスタープランを検索して、今後の商業店舗や交通網の開発計画について調べてみましょう。

マスタープランとは、今後のまちづくりの計画をまとめたものです。**開発が積極的なエリアは、周辺の土地の評価額が上がりやすいでしょう。**

◎浸水実績や浸水想定のエリア外であること

「ハザードマップ」とネットで検索すると、国土交通省が運営する「ハザードマップポータルサイト」が表示されるため、確認しましょう
ハザードマップには、被災の想定についてまとめられております。浸水実績情報は各エリアの役所のサイトまたは役所現地にて確認することができます。
基本的に浸水エリアは避けた方が良いですが、どうしても手に入れたい物件のエリアが浸水エリアに該当する場合は、水災で被害を被った場合にも保険金が得られるような火災保険に加入して、損失のリスクをカバーしましょう。

◎地盤が強い

物件の正確な地盤の強さを知るには、地盤調査を行う必要があります。

ただし、他にも、誰でも手軽に地盤の強さを調べる方法があるので紹介します。
①地震ハザードマップ
自治体のサイトで見られる「地震ハザードマップ」では指定緊急避難場所、想定される震度や液状化のエリアを確認できます。

通常であれば、売買契約の際に不動産屋が地震ハザードマップをもとに説明してくれますが、中には説明をしてくれない不動産屋も存在します。
②地盤サポートマップ
ジャパンホームシールド株式会社が運営するこのサイトでは住所を検索するだけで、検索した住所の土地の地震の揺れやすさ、液状化の可能性、土砂災害や浸水の可能性、近くの避難場所、地形・地質の情報を一目で確認できます。２００万を超える地盤解析実績の情報があなたの支えになってくれるでしょう。

調べた結果を印刷したり、ＬＩＮＥなどで家族や友人などにシェアすることもできるため、ぜひ周りの大切な方へもシェアしてください。

◎建物の性能が高い

建物の性能が高いとは、地震や台風などの災害に強く、修繕費をできる限り抑えることができ、冬も夏も過ごしやすいことを指します。

ただし、建物の性能を高くすればするほど、コストが上がります。予算をいくらでも確保できる方は良いかもしれませんが、建物の予算を少しでも抑えたい方も多いはずです。

建物の予算の平均は３５００万円前後というデータもありますが、１千万〜２千万円台に抑えたい方もたくさんいるでしょう。

限られた予算の中で建築するには、優先順位をつける必要があります。

個人的な見解ですが、建物の性能を上げる際の優先順位は次の通りです。

優先順位１：地震や台風などの災害に強い
優先順位２：冬も夏も過ごしやすい
優先順位３：修繕費をできる限り抑える

すべて重要な性能ではありますが、国が定めている住宅性能表示制度（１８５ページ）や長期優良住宅認定制度などを見ると、耐震や建物性能に関する審査項目を多く設けています。

限りある予算の中で性能を高めるのであれば、耐震基準3や長期優良住宅、低炭素住宅としての性能を満たす住宅にした方が良いでしょう。特に2024年1月以降の住宅購入に関しては住宅ローン控除の制度もあるため、今まで以上に資産価値が高くなります。そういった国の制度という面を抜きにしても、日本は地震大国であり、高齢者が増えていることから、災害に強い家を求める人は増えているでしょう。

まずは、災害対策などを最優先にし、その上で使える予算がある場合に関しては、修繕費を抑えるために活用すると良いでしょう。

◎近隣トラブルがない

「隣地の方の生活音がとてもうるさい」

「隣地の方とウマが合わない」

「隣地の方がとても神経質で生活しづらい」

などと、住宅購入後に後悔しても遅いです。

購入契約前に近隣トラブルがないかについて、調査が必要です。営業担当者と協議の上、近隣住民の方に聞き取り調査を行いましょう。

◎隣地との高低差がない

隣地との高低差がある土地よりも、平坦地の方が地盤として安定します。高低差がない場合は擁壁やブロック工事、地盤改良工事の費用を抑えたりすることができます。

災害の多い日本では、隣地との高低差のない平坦地を望む人が多いでしょう。

◎土地の南面に道路が接している

土地の購入を決断する上で、日当たりの良さを強く望む人は非常に多いです。そのため、南面に道路のある土地の価値は高く、個人的にもおすすめしております。

ただし、北面に道路がある場合でも、南側を庭にすることで日当たりを確保できるケースもあります。


ここまで、資産価値の高い物件の条件について紹介しました。

ただし、ここで挙げた条件が絶対ではありません。また、一見、資産価値が低い物件であったとしても、少しでも早く新規物件の情報収集を行い価格交渉することで、相場と同等または相場以下で土地や中古住宅を購入できるでしょう。

戸建てとマンション、どちらが良いか

戸建てとマンション、どちらを購入するべきか悩む人もいるでしょう。

個人的には、戸建ての方がマンションよりも満足度が高いと考えています。戸建ては、土地と建物が独立しているという点が大きなメリットでしょう。

戸建ての場合、マンションのように廊下、玄関、駐車場などを第三者の住民と共有することはありません。そのため、管理会社や管理規則、使用細則などのルールが存在しないのです。

マンションは修繕をするにしても、建て替えをするにしても、第三者の声が必ず反映されます。そのため、戸建てと違いコントロールをすることが難しいでしょう。

マンションを購入する場合は、相場よりも安く、値上がりする可能性の高いマンションを選択する必要があります。そのためには、不動産屋との関係を密にとったり、毎日住宅情報サイトを確認をしたりしておきましょう。

② 賃貸で損をしないために相場を把握する

賃料相場を調べる方法

賃貸で損をしないためには、資産価値の高い物件を安い賃料で借りる必要があります。

資産価値が高いかどうかについては、前項で解説した持ち家と同様です。

賃料相場を調べるには、主に2つの方法があります。

まず1つ目は、ネットで調べる方法です。「地域名＋賃料相場」で検索すると、上位にスーモ、ライフルホームズ、アットホームの家賃相場のページが出てきます。

また、これらのサイトで絞り込み検索をして、複数の賃貸物件を比較して相場を調べてみる方法もあります。

2つ目は、物件近くで長年にわたり賃貸物件を取り扱っている不動産屋2～3社に相場を聞いてみることです。レインズ（28ページ）などで調べてもらいましょう。

戸建てと賃貸ではどちらの方が良いのか

不動産屋との関係を構築しておくと、相場よりも安い、退去予定またはネット公開直後の物件情報を教えてもらえます。また、ポータルサイトで希望条件を毎日チェックしていると、賃料の安い最新の物件を見つけやすくなります。

ただ、賃料が安いと欠陥・事故・住民トラブル・事故物件などがあるのではないかと不安になると思います。そういった懸念がある場合は、近隣住民から直接ヒアリングしたり、物件の近くにある不動産屋2～3社に懸念材料について確認したりしてみましょう。


賃貸と戸建てどちらが良いかは人それぞれです。個人的には、家族がいる場合は戸建て（注文住宅、新築戸建て分譲、中古戸建て）がおすすめです。

独身の方は賃貸物件（賃貸アパート、賃貸マンション、シェアハウス、ソーシャルアパートメント、ホテル暮らしなど）または狭小住宅（平家、1千万円前後の注文住宅、タイニーハウス、コンテナハウスなど）がおすすめです。

住宅ローンを組まずにマイホームを手に入れる方法

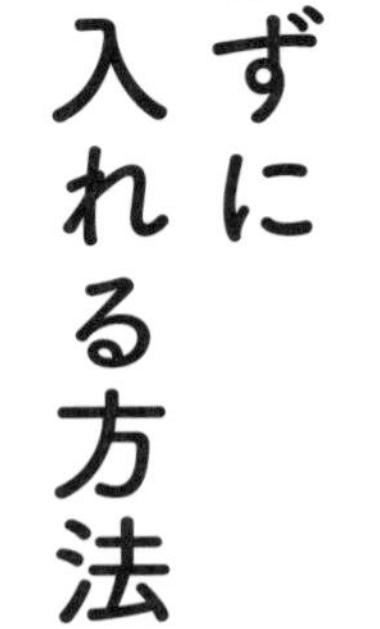

譲渡型賃貸住宅とは

住宅ローンを組まず、一定の期間賃料を支払い続けることで自分の家を手に入れることができる、譲渡型賃貸住宅と呼ばれるものがあります。
マイホーム購入と比較するために、譲渡型賃貸住宅の4つのメリットを紹介します。

メリット①住宅ローンを組む必要がない

住宅ローンを組めない人、組みたくない人にとっては選択肢の1つになるのではないでしょうか。

メリット②建築会社によっては仕様や間取りの希望を出せる

住宅を購入する場合、建物の仕様や間取りを企画設計するには注文住宅しかありません。

譲渡型賃貸住宅の場合、ゼロから建物の企画設計ができるわけではありませんが、少しでも企画設計に携わることができるのはメリットと言えるでしょう。

メリット③勤めている会社によっては家賃補助を受けられる

譲渡されるまでは賃貸住宅という扱いになるので、会社によっては家賃補助を受けられます。実際に住宅を購入してしまうと家賃補助は受けられないため、大きな違いと言えます。

メリット④引越しがやすい

マイホームを購入した後に引っ越しをしようとすると、売却手続きに時間がかかるなど負担が大きくなります。譲渡型賃貸住宅の場合、契約内容によりますが、退去をしたい1ヶ月以上前に解約意向を貸主へ伝えることで、退去できます。マイホームの売却と比べると他の物件に引越しがしやすいと言えるでしょう。

譲渡型賃貸住宅のデメリット

ここまで紹介したように譲渡型賃貸住宅にはメリットもありますが、デメリットもあります。メリットとデメリットを比べて、利用するか判断しましょう。

デメリット①最後まで家賃が下げられない可能性が高い

定期建物賃貸借の形式で契約を進めた場合、借地借家法という法律の兼ね合いで、賃料の減額請求をしないという特約が有効となります。契約内容によっては、最後まで賃料を下げられない可能性があります。
この部分については、貸主と契約をする前に忘れずに確認しましょう。

デメリット②家賃が高くなる

貸主側としては、長期にわたって土地と建物代金の費用を立て替えるため、どうしても家賃設定が高くなります。家賃が高くなったとしても、マイホーム購入や賃貸物件よりもトータルで損をしないか比較をし、納得の上で取引を進めましょう。

デメリット③解約のタイミングによっては多額な違約金がかかる

建築会社によっては、5年以内に賃貸借契約を解約した場合、何百万円もの違約金がかかるケースがあります。

そのため、マイホーム購入と同様、その物件に生涯住むための計画を立てた上で取り引きを進めましょう。

デメリット④住宅ローン控除や団体信用生命保険に加入できない

譲渡型賃貸住宅は賃貸借契約のため、マイホームを購入したときに受けられる住宅ローン控除を受けられません。その損失を含めて損をしないかどうか検討しましょう。

また、団体信用生命保険にも加入できないため、代わりになる保険に個々で加入するなどの対策が必要かもしれません。

④ 住宅性能の重要性が高まっている

住宅性能表示制度を活用しよう

2024年1月以降に建築確認を受けた新築住宅の場合、長期優良住宅・低炭素住宅、ZEH水準省エネ住宅、省エネ基準適合住宅でなければ、住宅ローンの減税を受けられなくなりました。そのため、住宅の性能を高めるメリットは大きくなっています。

「住宅の品質確保の促進等に関する法律（品確法）」に基づき、誰でも住宅の性能を把握しやすくするための制度が「住宅性能表示制度」です。

この制度は任意制のもので、活用するためには10万〜20万円の費用が生じます。また、性能向上に伴い建築コスト（一般住宅と比較すると数百円単位）が上がることがあります。

しかし、「住宅性能表示制度」を活用して、登録住宅性能評価機関（住宅を評価する第三者機関）で「建設住宅性能評価書」を発行すると、次のようなメリットがあります。

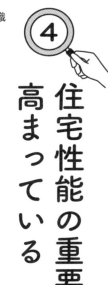

メリット①安心感を得られる

国土交通省が登録している登録住宅性能評価機関が住宅の評価をチェックするため安心感を得られる

メリット②住宅紛争処理機関からサポートを受けられる

住宅の取引で紛争が発生した場合、紛争処理申請手数料1万円を支払うことで、指定の住宅紛争処理機関（各地の単位弁護士会）から、紛争に関するサポートを受けることができます。

メリット③住宅ローン金利の引き下げや地震保険料の割引を受けられる

金融機関や住宅ローンの内容によって変わりますが、住宅ローン金利の引き下げができる可能性があります。また、地震保険料の割引が適用になる可能性もあります。地震保険料の申込み時に割引になるかどうか確認してみましょう。

メリット④住宅ローン控除を受けられる

２０２４年1月以降に建築確認を受けた新築住宅で住宅ローン控除を受けるには、省エネ基準に適合する必要があります。

住宅性能評価の評価項目

必須の評価項目

●構造の安定　●火災の安全
●劣化の軽減　●維持管理・更新への配慮

任意の評価項目

●温熱環境・エネルギー消費量　●空気環境
●光・視環境　●音環境　●高齢者等への配慮　●防犯

住宅性能評価の評価項目

住宅性能評価の評価項目は10に分かれており、上図のように4つの必須項目と6つの任意項目に分けることができます。
任意の6つの評価項目については評価をするかどうかを自由に選択できます。

4つの必須項目の中で、一番評価されるポイントが多いのは「構造の安定」です。

それだけ国が重要視していることが窺えます。「構造の安定」について、具体的な評価ポイントは次の通りです。

①耐震等級（構造躯体の倒壊等防止）

耐震等級は、等級1〜3の3段階に分かれています。

等級1は、建築基準法上、震度6〜7程度の地震が発生しても耐えられる可能性があるという基準になります。

等級2は、等級1の地震の強さに対して1・25倍耐える可能性があり、等級3は等級1の地震の強さに対して1・5倍耐える可能性があります。

②地盤又は杭の許容支持力等及びその設定方法

地盤の調査方法、地盤の許容応力度、杭の許容支持力を表示するものです。

③基礎の構造方法及び形式等

布基礎、ベタ基礎など、基礎の構造や杭の内容について表示するものです。

④その他（地震に対する構造躯体の倒壊等防止及び損傷防止）

評価対象の建物が免震を施したものがどうかを表示するものです。

専門用語が多くわかりづらいかもしれませんが、特に「建物の構造」「基礎の構造」の評価ポイントが重視されていることがわかります。

住宅メーカーと工務店、どちらが良いか

マイホームを建てることを検討している方から、「住宅メーカーと工務店のどちらが良いでしょうか？」と質問をいただくことがあります。

中には絶対に大手住宅メーカーが良いという方もいますが、個人的にはどちらでも良いと考えています。それよりも、住宅の性能が重要です。

仮に同じ住宅性能で工務店の場合は2500万円、大手住宅メーカーの場合は2800万円だとしたら、個人的には工務店を選択します。

ただし、その場合は工務店の実績や保証なども考慮する必要があります。

⑤ 建売分譲住宅の後悔しない買い方

【建売分譲住宅】のチェックポイント

建売分譲住宅（建売）とは、完成している新築戸建てのことです。間取図、建物の仕様書、土地の確定測量、建築確認申請関係書類など土地や建物の関係資料がすべて揃っています。住宅ローンの融資手続きや不動産売買契約がしやすく、間取りや建物の仕様などイチから考える必要がないため、大きな負担がなくマイホーム購入を進めることができます。ただし、注意しなければいけないポイントもあるので、紹介します。

まずは、内覧で左ページ図のような項目を注意しましょう。キズや汚れなどの軽微な修繕の場合、建物の引き渡し後に対応してもらえないことが多々あります。**必ず引き渡し前、できれば売買契約前に隅々まで建物全体と敷地内のチェックをしましょう。**

建売分譲住宅の内覧時チェックポイント

- ☑間取り　☑水回りの使い勝手
- ☑全てのドア・窓の開閉確認　☑入隅や出隅に隙間がないか
- ☑床の軋みなどがないか
- ☑基礎や外壁にヒビ・汚れ・隙間がないか
- ☑床下点検を開けて、床下が湿っていないか
- ☑断熱材がしっかりとハマっているか
- ☑隣地から建物や木の枝やブロック塀などの越境がないか

もちろん、法律違反になるような欠陥や重大な不具合も修繕してもらいましょう。

もし可能であれば、数万～15万円ほどかけて住宅診断を依頼することで、より隅々までチェックしてもらえます。

売買契約前に施主検査を行う

通常、建売分譲住宅の引き渡しの1～2週間ほど前に、建物現地で建築会社の担当者と立ち会いのもと、1～2時間かけて不具合や欠陥がないかを確認します。これを施主検査と呼びます。

建物の引き渡し後の修繕は基本的に受けてもらえないため、傷・汚れ・建て付けなど不具合や欠陥がないか慎重に確認してください。

ただし、この段階では売買契約が済んでしまっており、ほとんどの売買契約書の特記事項などには「現状有姿で引き渡す」と記載されています。そのため、売買契約後に施主検査をしたとしても、基本的にはキズの修復や建具の調整などの軽微な修繕のみ行われます。場合によっては、修繕が行われない可能性もあります。

取引内容によっては承諾を得られないこともありますが、売買契約前に第三者の住宅診断や検査を行うことをおすすめします。

地盤調査報告書で確認しておきたいポイント

建売分譲住宅の場合、ほとんどの物件で地盤調査を行っており、地盤調査報告書が発行されます。地盤報告書のどの部分を見ると、地盤の硬さがわかるのかを紹介いたします。

①音感・感触

調査している人が貫入試験の際に聞いた音や感触から「無音・シャリシャリ・ジャリジャリ・ガリガリ」のように分けて記載されています。

無音の場合は粘性土がメイン、シャリシャリの場合は砂質土がメイン、ジャリジャリの場合は礫質土《れきしつど》がメイン、ガリガリの場合は角礫《かくれき》関係がメインと推定されます。**土質の強度に関しては、一般的には①角礫②礫質土③砂質土④粘性土の順で強いと言われています。**ただし、含水比などによっても変わるので、参考程度に確認ください。

②貫入量1m当たりの半回転数

一般的に、この数値が高ければ高いほど地盤が硬いと言われています。

荷重と貫入量1m当たりの半回転数の境界線を越えているかどうかが一つの基準となるため、境界線の右側の部分に色がついているかを確認しましょう。

③換算N値

換算N値とは地盤の強さを把握するための指標の1つです。一般的にはスクリューウエイト貫入試験などの方法で地盤調査を行い、地盤の強さを数値として報告書に記載します。**一般住宅を建築する場合、換算N値の数値が5～10あると建築が可能と言われています。**盛土などで地盤改良工事が必要なケースもありますので、参考程度に確認してください。

⑥ 契約時に見落としてはいけないポイントとは

特約または備考欄を重点的に確認する

いざ売買契約となると、不動産屋に出向き2時間ほど契約内容についての説明を受けて、署名押印などを行い契約を締結します。もちろん不動産屋からは要点をわかりやすく伝えてもらえますが、2時間程度の説明を受けてすべてを理解することは難しいと思います。

そこで、**契約の際には、契約書と重要事項説明書の最後にある特約または備考欄を特に注意して確認するようにしましょう。**

特約または備考欄に記載される文言で注意すべき例を紹介します。

◎契約不適合責任を免責

売主は買主に対して、契約の不適合責任を負わないという内容です。この文言があった場合、買主は契約内容と実際の物件に相違があったとしても、売買代金の減額や損害賠償

請求、本契約の解除などを行うことができません。

そのため、**契約不適合責任の免責の特約が条件とされている場合、売買契約をする前に建物や土地の調査をより慎重に行う必要があります。**

ただし、売主が故意に買主へ不適合に関することを伝えていなかった場合など、この特約が適用対象外のケースもあります。

◎売主指定の司法書士で登記手続きを行う

売買契約後に司法書士を自由に選ぶことができないため、**売買契約をする前に登記手続き費用の見積もりを確認しておきましょう。**

その他にも、さまざま特約などがあります。契約書類の内容が心配な人は、契約をする前に不動産売買の法律に詳しい弁護士に、契約書類の確認をしてもらいましょう。

資産価値を上げるためのリフォーム・リノベーション

リフォーム・リノベーションをすることで、家の資産価値を上げることができます。どのようにリフォーム・リノベーションをすると価値が上がりやすいのかを紹介します。

人口動向に合わせた間取りにする

まずは、人口動向に合わせてニーズのある間取りにするという方法があります。

令和2年国勢調査を見てみると、九州などの一部地域を除いて日本のほとんどの地域では25～39歳の未婚率が44％以上という結果となっています。**今後は、生涯独身の人が増えるため、1LDKや2LDKの間取りのマンションや戸建ての需要が増えていくことが予想されます。**

また、高齢化も進んでいることから、単身世帯向けだけではなく、ひとり親世帯や高齢者単身世帯が好む間取りの需要も増えていくでしょう。

断熱性を高める

断熱のリフォームを行うことで快適に暮らせますし、省エネにも繋がります。結露やカビの発生を抑えることもできるでしょう。


今後の日本経済を考えると、快適に過ごせる省エネ住宅を求められる方はさらに増加すると考えられます。

一戸建てまるごと断熱リフォームする方法の他に、部屋単位で断熱リフォームをする方法もあります。建物全体だとそれなりの費用がかかるため、部分的に断熱リフォームを行うのも良いでしょう。

国全体でも断熱リフォームに関しての補助金などに力を入れているため、対象になる補助金がないか各行政やマンションの場合は理事会や管理会社に確認してください。

耐震性を高める

日本は地震大国と言われており、定期的に大きな地震が発生しております。

今後は南海トラフ巨大地震（M8～M9クラス）、首都直下地震（M7クラス）などの地震が30年以内に70％の確率で起きるのではないかという予想が、文部科学省・地震調査研究推進本部事務局から公表されています。いかに地震に対する対策が必要なのかがわかります。

特に、1981年5月以前に建築された建物に関しては震度6強以上の地震がきた際に倒壊する恐れが高いため、耐震性を高める必要性があります。

耐震リフォームをする際は、次の3つの方法があります。

①耐震補強

耐震補強は、地震に耐えるために行う工事のことで、主に壁やフレームを増設して補強します。制震補強や免震補強と比べると工事費用は安くなります。

②制震補強

制震補強は、地震などが起きた際に建物の揺れを吸収するための補強工事です。

ダンパーなどの制振装置を使用して補強しますが、免震補強よりも工事費用は安く、メンテナンスもしやすい方法です。

③免震補強

免震補強は地震の揺れを逃してくれる補強工事です。そのため、建物の損傷を最小限にしてくれます。ただし、縦揺れの地震では効果が薄れてしまうため、免震補強をしたからといって万能とは言えないでしょう。

おすすめの補強工事は、耐震補強に加えて制震補強を行う方法です。

ただし、建物の構造や補強器具などによっても事情は異なります。まずは、国土交通大臣登録を受け、耐震診断資格者講習の受講を修了した耐震診断資格者に、耐震診断をしてもらいましょう。そして、現時点の耐震レベルを確認した上で、補強工事を行ってください。

補強工事をする前に、詳しい複数の専門会社や1級建築士に相談すると良いでしょう。

バリアフリー化する

住宅がバリアフリー化できていないことから自宅内で転倒や転落事故が起きてしまい、救急車で運ばれてしまうということが日本全国で増えています。日本は高齢化しているため、今後はさらに高齢者でも住みやすい家づくりが求められています。
自宅内での転倒や転落事故を防ぐためにも、
・建物全体の床の段差をフラットにする
・立ち上がる機会の多い箇所に手すりを設置する
・滑りにくい床にする
・扉を引き戸にする
・緊急用にお風呂やトイレなどに通報装置を設置する
など、バリアフリー化のリフォーム・リノベーションを行うことで、多くの方から求められる住宅となるでしょう。

大手と中小の不動産屋、どちらに相談するべきか

大手だから安心とは限らない

お客様からよく「大手企業の不動産屋と中小企業の不動産屋、どちらに相談をすれば良いか」と質問をいただきます。大手と中小のどちらが良いかは、物件・担当者・契約内容などさまざまな要素が絡むため、断言はできません。

ただし、どちらか選ぶ際に意識するポイントはあるので、紹介します。

◎大手企業だから情報が多いとは限らない

大手企業はブランド力があり広告費もたくさん使っているため、不動産の情報を多く抱える店舗もあります。ただ、**エリアによっては中小企業の方が情報をたくさん持っていることもあるので、大手の方が情報を持っているとは言い切れません。**

また、多くの不動産屋の営業担当者は、ネットには掲載されていない水面下の不動産情

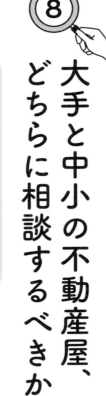

報を持っています。タイミングが良いと情報を紹介してもらえるので、「ネットに掲載されていない水面下の情報はありませんか？」と聞いてみてください。

◎大手企業だからこそ契約内容が不利になることも

「大手企業だから契約内容は安心できますよね」という質問もよく受けます。これについては、半分正解、半分間違いだと思っています。

半分正解というのは、**大手企業の場合は豊富な不動産取引の実績があるからです。そのおかげで、契約書類の内容が細かくなっています。**

不動産のことを知らない方からすると「しっかりとした契約内容で安心だ」と感じるかもしれませんが、注意も必要です。**細かい契約内容だからこそ、不動産屋側の方が有利な契約書になっていることもあります。**

たとえば、以前お客様から大手企業の不動産屋の契約書を確認させてもらった際、物件の決済や引き渡し期日、住宅ローンの本承認の期日が明らかに短く設定されていたことがありました。物件を購入されたお客様からすると不利な契約となっていたのです。

大手だからといって油断はできませんので、不安なときは契約書類のチェックを第三者の不動産屋や不動産売買取引に詳しい弁護士に相談してみても良いでしょう。

◎費用を比較する

購入を検討している物件が他の不動産屋でも紹介してもらえるのであれば、それぞれの**不動産屋から見積書をもらい、仲介手数料、住宅ローン手続きの諸費用、火災保険・リフォーム費用、登記費用などを比較してください。**

◎契約締結後のサポートを確認する

マイホームを購入した後も、ライフプラン、住宅ローン控除の手続き、住宅ローンの借り換え、住み替え、修繕、相続などやらなければいけないことはたくさんあります。**購入のサポートだけではなく、生涯の住まいと暮らしのサポートをしてもらうつもりで、不動産屋と営業担当者を選んでください。**

契約を締結した後のサポートが不十分な不動産屋もあるため、お客様の声がネットやSNSなどに掲載されているか事前に確認しておきましょう。

おわりに

この本を執筆した主な理由は、過去の経験にあります。その経験とは、ある不動産取引を行った際に、不動産の売主が1番損をしてしまっているのではないかと強く違和感を持ったことでした。売主からクレームはなく何も問題のない取引でしたが、かなり安い金額で物件を購入させていただきました（売主と買主のそれぞれにサポートをする仲介の不動産会社がおり、私は売主とは直接やりとりをしていませんでした）。

以降、不動産取引には売主にとっても買主にとっても適正な取引金額があり、買主、売主ともに損をしてしまう取引はしないと決めています。明確に適正な取引金額があるわけではありませんが、周辺の過去の取引実績・周辺で売り出されている販売金額・土地や建物の評価額などの指標をもとにすると、適正な範囲の取引金額を示すことができます。

取引金額だけではなく、安心安全を感じられる不動産の適正な取引が増えることで、苦しむ方が減り、不動産業界のイメージがよりよいものになると信じております。

以上が本書を執筆した理由です。執筆の機会をいただけたのは、ネクストサービス株式会社の松尾昭仁代表、大沢治子さん、コーチの上杉惠理子さん、その他サポートしていただい

おわりに

た皆様のおかげです。この場を借りて、お礼をさせてください。ありがとうございました。

読者の皆様はさまざまな地域に住まれているかと思いますが、日本の47都道府県には弊社が運営している自社サービス（いえかうん・いえうるん）のパートナーがおります。パートナーは、厳しい審査基準を通過した不動産取引実績の豊富な不動産会社のみとなりますので、気軽にご相談ください。

もし、弊社にマイホーム購入に関して相談したいという方がいらっしゃいましたら、フェイスブック又は公式X（旧ツイッター）からご相談ください。206ページのQRコードを使うか、もしくは沖　祐生又は@surprise_okkiでネット検索してください。

今後もマイホームを買いたい方、売りたい方などのサポートを通して、1人でも多くの方に笑顔になってほしいと考えております。

最後になりましたが、本書を少しでも多くの方に手に取っていただき、お役立ていただけると幸いです。本書を読んでいただき、ありがとうございました。

沖祐生

- 横山宗祐（監修）「【契約不適合責任とは】瑕疵担保責任との違い、免責特約、売主の注意点などについて解説」, SUUMO・HP
https://suumo.jp/baikyaku/guide/entry/baikyaku_keiyakufutekigousekinin
- 田尻宏子「住宅ローンの収入合算とペアローンの違いは？メリットとデメリットも併せて解説」, SBI 新生銀行 HP
https://www.sbishinseibank.co.jp/retail/housing/column/vol17.html
- 田尻宏子,「住宅ローンには親子ローンという選択も！メリットとデメリットとは？」,SBI 新生銀行 HP
https://www.sbishinseibank.co.jp/retail/housing/column/vol97.html
- ジャパンホームシールド株式会社「地盤診断ハンドブック」
https://www.geo-techno.co.jp/_pdf/original_004.pdf
- 三井住友海上火災保険株式会社「地震保険料控除制度」
https://www.ms-ins.com/contractor/procedure/deduction/jishin.html
- セコム株式会社
https://www.secom.co.jp/lp/hs/s60/?utm_source=google&utm_medium=cpc&utm_campaign=HS237gss&waad=1r0PvE3j
- 東京海上日動火災保険株式会社パンフレット「トータルアシスト住まいの保険」「地震保険は、必要保険です」
- ゆめ部長の真っ直ぐ不動産仲介「仲介手数料無料のデメリット＆トラブル｜値引サービスの使い方」
https://staylinx.jp/contents/665
- オウチーノニュース「住宅ローン控除で最大 455 万円をお得に節税！年収別の早見表で解説！」
https://o-uccino.com/front/articles/47805

＜公式フェイスブック・X（旧ツイッター）の QR コード＞

公式フェイスブック　　X（旧ツイッター）

参考ウェブページ・資料

- 国土交通省ウェブサイト・資料
https://www.mlit.go.jp/
- 金融庁「損害保険会社免許一覧」(2023)
https://www.fsa.go.jp/menkyo/menkyoj/songai.pdf
- 厚生労働省「我が国の人口について」
https://www.mhlw.go.jp/stf/newpage_21481.html
- 国税庁「住宅の新築等をし、令和4年以降に居住の用に供した場合（住宅借入金等特別控除)」
https://www.nta.go.jp/taxes/shiraberu/taxanswer/shotoku/1211-1.htm
- 国税庁「直系尊属から住宅取得等資金の贈与を受けた場合の非課税」
https://www.nta.go.jp/taxes/shiraberu/taxanswer/sozoku/4508.htm
- 総務省「固定資産税」
https://www.soumu.go.jp/main_sosiki/jichi_zeisei/czaisei/czaisei_seido/150790_15.html
- 総務省統計局「国勢調査 都道府県・市区町村別特性図 未婚率（平成17年〜令和2年)」
https://www.stat.go.jp/data/chiri/map/c_koku/mikon/index.html
- 財務省「地震保険制度の概要」
https://www.mof.go.jp/policy/financial_system/earthquake_insurance/jisin.htm
- 品川区「都市防災不燃化促進事業の助成」
https://www.city.shinagawa.tokyo.jp/PC/kankyo/kankyo-toshiseibi/kankyo-toshiseibi-shien/kankyo-toshiseibi-shien-hunenkasokushin/index.html
- 一般社団法人住宅金融普及協会「不動産売主の契約不適合責任 〜瑕疵担保責任から契約不適合責任へ」
https://www.sumai-info.com/information/legal_knowledge_23.html
- 一般財団法人日本木材総合情報センター「木材利用相談Q&A 100」
https://www.jawic.or.jp/qanda/index.php?no=27
- 独立行政法人住宅金融支援機構「省令準耐火構造の住宅とは」, ずっと固定金利の安心【フラット35】
https://www.flat35.com/business/shinchiku/syourei.html
- 独立行政法人住宅金融支援機構「マイホーム維持管理の目安（一戸建ての木造住宅)」
https://www.jhf.go.jp/files/300237187.pdf
- 渡辺晋「買主の追完請求権」, 公益社団法人全日本不動産協会HP
https://www.zennichi.or.jp/law_faq/%E8%B2%B7%E4%B8%BB%E3%81%AE%E8%BF%BD%E5%AE%8C%E8%AB%8B%E6%B1%82%E6%A8%A9/

沖祐生（おき・ゆうき）

いえうるん不動産相談事務所代表。株式会社サプライズコンシェルジュ代表取締役。株式会社JKAS最高マーケティング責任者。宅地建物取引士。ウェブ解析士。ファイナンシャルプランナー。
大学卒業後、大手不動産会社で不動産売買取引を多数経験。営業成績100人中MVP受賞。ネットの可能性を感じ、IT系上場企業へ転職。不動産屋340社のWeb集客支援を経験。不動産取引で失敗する人を減らすため、2020年に株式会社サプライズコンシェルジュを設立し、不動産相談窓口「いえうるん」を立ち上げ、ネットを活用した不動産取引、Web集客支援、Webメディアの運営をしつつ、ネットを活用したマイホームの購入方法を提唱している。

企画協力	松尾昭仁（ネクストサービス）
本文デザイン	伊延あづさ（アスラン編集スタジオ）
本文イラスト	吉村堂（アスラン編集スタジオ）
カバーデザイン	金井久幸（TwoThree）
カバーイラスト	iStock
校正協力	株式会社ぷれす

最大1000万円の損を防ぐ デジタル時代の家選び

著　者　沖祐生
発行者　池田士文
印刷所　萩原印刷株式会社
製本所　萩原印刷株式会社
発行所　株式会社池田書店
〒162-0851
東京都新宿区弁天町43番地
電話 03-3267-6821（代）
FAX 03-3235-6672

落丁・乱丁はお取り替えいたします。

ISBN 978-4-262-16049-8

[本書内容に関するお問い合わせ]
書名、該当ページを明記の上、郵送、FAX、または当社ホームページお問い合わせフォームからお送りください。なお回答にはお時間がかかる場合がございます。電話によるお問い合わせはお受けしておりません。また本書内容以外のご質問などにもお答えできませんので、あらかじめご了承ください。本書のご感想についても、当社HPフォームよりお寄せください。
[お問い合わせ・ご感想フォーム]
当社ホームページから
https://www.ikedashoten.co.jp/

24000005